AF559375

Lehrbuch für Pāli

15 Lektionen

mit Übersetzungsteil, Grammatikübersicht
und Wörterverzeichnis

von
Heinz Reißmüller

VERLAG BEYERLEIN & STEINSCHULTE

Impressum

ISBN: 978-3-931095-82-6

95236 Stammbach-Herrnschrot
Tel: 09256/460 Fax 8301
E-Mail: verlag.beyerlein@buddhareden.de
www.buddhareden.de

Inhaltsverzeichnis

Abkürzungen

AN	Aṅguttara Nikāya
Abl.	Ablativ
Abs.	Absolutivum
Adj.	Adjektiv
Adv.	Adverb
a.E.	am Ende
Akk.	Akkusativ
Akt.	Aktiv
Bd.	Buddhadatta
Bsp.	Beispiel
bzw.	beziehungsweise
C.	Cone, A Dictionary of Pāli
CPD	A Critical Pāli Dictionary
DN	Dīgha-Nikāya
Dat.	Dativ
Dekl.	Deklination
dt.	deutsch
etw.	etwas
f.	Femininum
Gen.	Genitiv
Gen.abs.	absoluter Genitiv
Grd.	Gerundivum
I., Instr.	Instrumental
i.d.R.	in der Regel
Imp.	Imperativ
Inf.	Infinitiv
i.S.	im Sinne
jmd.	jemand, jemanden
Kaus.	Kausativ
KEN	Karl Eugen Neumann
Konjug.	Konjugation
Lok.	Lokativ
Lok.abs.	absoluter Lokativ
MN	Majjhima Nikāya
Med.	Medium

Myl.	Mylius
m.	Masculinum
n.	Neutrum
Nom.	Nominativ
Opt.	Optativ
od.	oder
Pass.	Passiv
PED	Pāli-English Dictionary
Pers.	Person, Personal-
Pl.	Plural
PP.	Partizip Perfekt
PPräs.	Partizip Präsens
Pron.	Pronomen
PTS	Pāli Text Society
SN	Saṃyutta Nikāya
s.	siehe
Sing.	Singular
str.	strittig
Subst.	Substantiv
Tab.	Tabelle
u.	und
u.a.	unter anderem
v.	von
vgl.	vergleiche
Vok.	Vokativ
W.	Warder (Introduction to Pali)
wtl.	wörtlich
z. B.	zum Beispiel

Einleitung

Erste deutschsprachige Beiträge zur sprachlichen Erfassung des Pāli[1] sind bereits vor über 100 Jahren erschienen, doch beschränkten sie sich entweder auf den grammatischen Aufbau der Sprache, die Herausarbeitung etymologischer Zusammenhänge, begleitende Glossare oder auf mehr oder weniger umfassende Wörterbücher. Allein die von Kurt Schmidt 1951 herausgegebene, inzwischen längst vergriffene Schrift „Pāli, Buddhas Sprache. Anfängerlehrgang zum Selbstunterricht" kann als Ansatz eines Lehrbuchs, wenn auch nur für den allerersten Einstieg, angesehen werden.

Heute stehen dem an Pāli Interessierten als deutschsprachige Hilfsmittel vor allem die Werke von Fahs („Grammatik des Pali", Leipzig 1985) und Mylius („Wörterbuch Pāli-Deutsch", Wichtrach 1997) zur Verfügung. Ein eigentliches Sprachlehrbuch dagegen fehlt.

Ein Studierender der Indologie dürfte dies kaum als einen Mangel empfinden, weil ihm durch das Sanskrit der Zugang

---

[1] Pāli (das Wort bedeutet ursprünglich „Text") ist eine auf das Vedische zurückgehende, dem Prakrit zugehörige mittelindische Sprache, im Verhältnis zum Sanskrit eher als Schwester- denn als Tochtersprache anzusehen. Die Theravāda-Tradition setzt Pāli mit der in Magadha und Kosala, dem Heimatland des Buddha, gesprochenen Māgadhī gleich. Die Sprachwissenschaft differenziert zwischen beiden Ausdrucksformen. Sie sieht im Pāli eine überörtliche, lokale Besonderheiten vereinheitlichende und sich erst allmählich herausbildende Literatursprache.

Der Buddha dürfte auf seinen Wanderungen durch einen großen Teil Nordindiens verschiedene örtliche Dialekte und Lokalsprachen gebraucht haben. Der Wechsel von der einen in die andere Ausdrucksweise war für sprachgewandte Personen nicht schwierig, standen sich doch zu der Zeit die nordindischen Idiome noch recht nahe. Möglicherweise wurden manche Diskussionen mit gelehrten Brahmanen auch in der Hochsprache geführt.

Zu den Abweichungen im Vokal- und Konsonantenbereich der damaligen Regionalsprachen vgl. Oberlies „Pāli", Berlin/New York, 2001.

auch zu dieser Sprache eröffnet ist. Anders verhält es sich dagegen bei denjenigen, die als Buddhisten, in der Regel also ohne solche Vorkenntnisse, Pāli lernen wollen, um die ursprünglichen Texte der Lehre – den Vinaya-Piṭaka und den Sutta-Piṭaka – in der Originalsprache lesen zu können.

Das war der Anlass für den vorliegenden Versuch, ein einführendes Lehrbuch in diese religiös und literarisch bedeutende Kultursprache zu verfassen.

Der Inhalt des Buches gliedert sich in vier Teile. Die Grundlagen der Sprache werden systematisch aufbauend in 15 Lektionen behandelt. Der anschließende Teil enthält die deutsche Übersetzung der Übungsaufgaben und Lesestücke. Ein weiterer Abschnitt gibt eine Übersicht über die Grammatik in Form von Tabellen. Ihm folgt ein Verzeichnis der im Buch gebrauchten Wörter mit ihrer deutschen Bedeutung.

Bei der jetzigen Neufassung sind Aufbau und Inhalt der unter dem Titel „Pāli – Eine Einführung (in die Lehre des Buddha)" erschienenen Vorauflagen weitgehend beibehalten worden, doch wurden zahlreiche Berichtigungen und Ergänzungen vorgenommen.

Nicht ganz einfach war die Frage zu entscheiden, wie mit der unterschiedlichen Schreibweise der Pālitexte umzugehen ist. Einiges wurde vereinheitlicht (durchgehend *ā, ī, ū* statt *â, î, û*), anderes, insbesondere die Varianten in der Darstellung der Nasallaute (*n, ṃ, ṁ, ṅ, ṇ*)[2], sowie Zusammenschreibung, Getrenntschreibung oder Verbindung durch Bindestrich, wurde in der Regel in der Form belassen, die es in den jeweiligen Fassungen der Ausgaben der Pāli Text Society hat. Von diesem Grundsatz wurde nur dort abgewichen, wo zu besorgen war, dass die unterschiedliche Schreibung bei den Lernenden zu

[2] Man vergleiche: *upasankamati* (PED) – *upasaṃkamati* (W.; DN in PTS-Ausgabe) – *upasaṁkamati* (CPD; MN in PTS-Ausgabe teilweise) – *upasaṅkamati* (C.; Myl.; Bd.; AN in PTS-Ausgabe; SN in PTS-Ausgabe).

Verwirrung führen könnte, also u.a. in den Beispielsätzen, Übungsaufgaben und im Wörterverzeichnis.

Satzanfang und Eigennamen wurden groß geschrieben. Zur Erleichterung des Verständnisses sind im Original nicht vorhandene Satzzeichen (Komma, Ausrufezeichen, Fragezeichen) hinzugefügt worden.

Die – gelegentlich gekürzten – Textbeispiele und Übungsaufgaben sind, abgesehen von einigen Ausnahmen hauptsächlich in den ersten Lektionen, den vier Hauptsammlungen des Sutta-Piṭaka (Dīgha-Nikāya, Majjhima-Nikāya, Aṅguttara-Nikāya und Saṃyutta-Nikāya) entnommen.

Weiteres Übungsmaterial findet sich in der Veröffentlichung „Pāli – Ein Übungsbuch". Auch der Übertragungsvergleich „Aṅguttara Nikāya – Ein vergleich dreier Übersetzungen" enthält zahlreiche Texte mit Übersetzungshilfen. Beide Bücher sind im Verlag Beyerlein & Steinschulte erschienen.

Hinweise für die Benutzung

Der Lernende sollte sich nicht von der Formenfülle des Pāli abschrecken lassen. Für das angestrebte Verstehen der buddhistischen Grundlagentexte ist die aktive Beherrschung aller möglichen Varianten nicht erforderlich. Unerlässlich ist aber das Einfühlen in die Art, wie im Pāli Gedanken in Worte gefasst und dargestellt werden. Um das zu erleichtern, sind die der Erläuterung dienenden Beispiele und die am Schluss der Lektionen gegebenen Übungsaufgaben möglichst wortgetreu übersetzt worden. Wichtig ist besonders das Verständnis der im Deutschen unbekannten, in den Texten aber sehr häufig anzutreffenden Absolutiv- und Gerundivformen (7.4 und 9.1) sowie der absoluten Genitiv- und Lokativkonstruktionen. Hier läge der Verweis auf Entsprechungen im Lateinischen und Griechischen nahe, doch kann die allgemeine Kenntnis dieser Sprachen heute nicht mehr vorausgesetzt werden.

Wenn es auch beim ersten Durchgang nicht nötig ist, alle Einzelheiten der Deklinationen und Konjugationen auswendig zu wissen, rasches Fortschreiten sogar erwünscht ist, damit ein Überblick über den Sprachaufbau gewonnen wird, ist es doch erforderlich, genau hinzusehen. So haben äußerlich ähnlich erscheinende Worte wie *sukka* (hell), *sukkha* (trocken), *sukha* (glücklich) und *suka* (Papagei) völlig unterschiedliche Bedeutungen. Auch das Geschlecht der Hauptwörter muss von Anfang an mitgelernt werden. Die Zuordnung von Adjektiven zu Substantiven lässt sich nur an Hand des übereinstimmenden Genus feststellen. Für manche Lernende, die einer vor etwa 20 Jahren entstandenen Idee gefolgt sind, Pāliwörtern von der Ursprungssprache abweichende neue Geschlechter zuzuweisen,[3] könnte dies eine zusätzliche Schwierigkeit bedeuten. Immerhin zeigt eine Übersicht der neueren Literatur, dass inzwischen fast alle gewichtigeren Veröffentlichungen von diesem eigenartigen Vorhaben abgerückt sind und wieder die in über 100 Jahren deutschen buddhistischen und buddhologischen Schrifttums üblichen und jedem Buddhisten vertrauten (mit dem Pāli identischen) Genusbezeichnungen verwendet werden.

---

[3] Dieses kaum verständliche Vorhaben wurde mit seltsamen Argumenten begründet. Zum Teil wurde die Auffassung vertreten, es entspreche dem deutschen Sprachgefühl, im Stamm auf *-a* endende Substantive (d.h. den größten Teil aller Substantive) als weiblich anzusehen, was zu Wortbildungen wie „die“ Stupa (Sanskrit; Pāli: *thūpo*) oder „die“ Sutta führte, zum Teil meinte man, die Geschlechter „gerecht“ bedenken zu müssen, also zu je einem Drittel männlich, weiblich und sächlich, woraus sich eine Trias: „der“ Buddha (hier zu Recht männlich), „das“ Dhamma und „die“ Saṅgha ergeben sollte. Vgl. dazu ausführlich J.-U. Hartmann in: Tibet und Buddhismus 1994, Nr. 1, S. 17 - 20.

Auch wenn – wie im vorliegenden Fall – eine Sprache nicht als Verständigungsmittel zur mündlichen Kommunikation erlernt wird, sollte doch auf die richtige Aussprache und Betonung geachtet werden. Die wichtigsten Regeln sind:

a, i, u	sind kurz ausgesprochene Vokale
ā, ī, ū	sind lang ausgesprochene Vokale
e und *o*	sind lang ausgesprochene Vokale, anders aber, wenn ein Doppelkonsonant folgt
c	wie tsch
j	wie dsch (wie engl. juice)
ñ	wie nj (oder ni, z. B. in U**ni**on)
ṃ	(gelegentlich auch als *ṁ* geschrieben) ist ursprünglich ein reiner Nasallaut, d.h. bei geschlossenem Mund zu sprechen. Steht *ṃ* vor *s* wird es immer als ng ausgesprochen. Sonst auch oft wie m.
ṅ	wie ng (z. B. in Fi**ng**er)
y	wie j
v	wie w
kh, gh, ch, jh, ṭh, th, ḍh, dh, ph, bh	sind mit nachfolgendem Hauchlaut zu sprechen (also z. B. *th* wie th in har**th**erzig). Diese Buchstabenkombinationen sind im Pāli jeweils e i n Laut, was bei der Teilung (richtig: *Bud-dha*) und der Betonung zu berücksichtigen ist.
ṭ, ṭh, ḍ, ḍh, ṇ, ḷ	bei diesen Lauten liegt die Zungenspitze am Gaumen an.

Doppelte Nasallaute sind – ähnlich dem Italienischen – auch doppelt, d.h. gedehnt, auszusprechen, z. B. in den Wörtern *kammaṃ* und *paripuṇṇa*.

Die letzte Silbe eines Wortes wird nie betont. Von den vorhergehenden Silben eines mehrsilbigen Wortes wird die jeweils letzte lange Silbe betont. Als „lang“ gilt eine Silbe, wenn ihr Vokal lang ist oder wenn auf einen kurzen Vokal zwei oder mehrere Konsonanten folgen.

Hat ein mehrsilbiges Wort keine lange Silbe in diesem Sinn, so liegt die Betonung auf der ersten Silbe.

Für zusammengesetzte Worte gelten diese Regeln nur bedingt. Normalerweise behält jeder Teil die ihm eigene Betonung. So wird *vijjācaraṇa* nicht anders betont als die getrennten Begriffe *vijjā* und *caraṇa.* Hat der zusammengesetzte Begriff allerdings im Sprachgebrauch eine feststehende eigene Bedeutung erlangt, so folgt die Betonung den für einheitliche Wörter geltenden Regeln. Deshalb wird *tathāgato* (*tathā + gato*) auf der zweiten Silbe betont (die einzige – vom Auslaut abgesehen – „lange“ Silbe des viersilbigen Wortes).

Teil I: Lektionen 1 - 15

Lektion 1

In dieser Lektion lernen wir eine erste Gruppe (sie ist gleichzeitig die zahlenmäßig größte) von Hauptwörtern in der Form des Nominativs (1. Fall, Wer-Fall) kennen sowie die Beugungsregeln der Gegenwart für eine bestimmte (ebenfalls am häufigsten vorkommende) Art von Zeitwörtern.

1.1 Substantive (Hauptwörter) mit Stammendung *-a*[4]

Um den Lernenden die Einprägung des Geschlechts der Hauptwörter zu erleichtern, wird diese Deklinationsgruppe im Folgenden nicht mit der Stammendung (*-a*), sondern mit der Endung des Nominativs Singular (*-o* für männliche, *-aṃ* für sächliche Substantive) aufgeführt, mit Ausnahme einiger Eigennamen und Personenbezeichnungen (z. B. Buddha).

[4] Unter Stamm ist das ungebeugte Wort zu verstehen, also der Teil, der übrig bleibt, wenn die Flexionsendungen weggelassen werden.

1.1.1 Männliche Substantive

Beispiel:	
kāyo	Körper

Zu dieser Gruppe gehören:

aggo	Spitze
attho	Sinn, Bedeutung, Wunsch
āsavo	(unheilsamer) Einfluss/Ausfluss, Trieb
upāsako	Laienanhänger (des Buddha)
kāmo	Liebe, Begehren, Wunsch
khattiyo	Krieger, Adliger
gāmo	Dorf
chando	Wille
tathāgato	„Sogegangener" (Beiname des Buddha), Vollendeter
dārako	Junge
dhammo	Wahrheit; Lehre; Eigenschaft; Ding
devo	Gott, König (als Höflichkeitsform)
paṇḍito	Weiser, Gelehrter
puggalo	Person
putto	Sohn
puriso	Mann, Mensch
bālo	Naiver, Narr, Kind
brāhmaṇo	Brahmane, Priester
maggo	Weg
(a-)manusso	(Nicht-) Mensch
māso	Monat
loko	Welt
satto	(Lebe-) Wesen
samaṇo	Asket
samayo	Zeit, Gelegenheit
sugato	„Willkommener" (Beiname des Buddha)

1.1.2 Sächliche Substantive

Beispiel:	
yānaṃ	Wagen

Zu dieser Gruppe gehören:

āsanaṃ	Sitz
aṅgaṃ	Glied, Teil
udakaṃ	Wasser
kammaṃ	Arbeit, Werk, Wirken
kicchaṃ	Schwierigkeit
gehaṃ	Haus
cittaṃ	Geist, „Herz"
cīvaraṃ	(Mönchs-) Robe
ṭhānaṃ	Platz, Stelle
dānaṃ	Schenkung, Geschenk
dukkhaṃ	Leid
domanassaṃ	Traurigkeit
dvāraṃ	Tür, Tor
dhanaṃ	Geld, Reichtum
phalaṃ	Frucht
puññaṃ	Verdienst
nāmaṃ	Name
nibbānaṃ	Erlöschen
maraṇaṃ	Sterben, Tod
sīlaṃ	Tugend

1.2 Präsens – Die erste Konjugation[5]

Die **Präsensform** des Zeitworts ***pucchati***

pucchati	er/sie/es fragt
pucchanti	sie fragen
pucchasi	du fragst
pucchatha	ihr fragt
pucchāmi	ich frage
pucchāma	wir fragen

Die Reihenfolge der Personen ist nach den indischen Grammatiken anders als im Deutschen. Sie beginnt mit der dritten Person Einzahl, es folgen die dritte Person Mehrzahl, die zweite Person Einzahl, die zweite Person Mehrzahl, die erste Person Einzahl und die erste Person Mehrzahl.

Wir merken uns, dass alle weiteren in diesem Buch dargestellten Konjugationen dieser Reihenordnung folgen.

Wir merken uns außerdem, dass alle Pāliverben nicht im Infinitiv wiedergegeben werden, sondern in der **3. Person Einzahl des Präsens**, im obigen Fall daher als *„pucchati"*. Dem entspricht in den Lektionen 1 bis 15 die deutsche Übersetzung ebenfalls mit der 3. Pers. Einzahl, hier also mit „fragt" (anders in Teil IV).[6]

---

[5] Die indischen Pāli-Grammatiken unterscheiden bis zu acht verschiedene Konjugationen, wobei die Einteilungsprinzipien variieren, man vergleiche die jeweils unterschiedlichen Klassifizierungen bei Fahs, Oberlies, Nyanatiloka, Seidenstücker und Warder. Da die Flexionen weitgehend identisch sind, die Abweichungen meist nur den Verbstamm betreffen, wäre es für die Zwecke dieses Lehrbuchs nicht unbedingt erforderlich, die traditionelle Einteilung in Konjugationen beizubehalten. An der üblich gewordenen Einordnung wurde dennoch festgehalten, weil sich so die Verben besser gruppieren lassen und Verweisungen auf Ähnlichkeiten möglich sind. Die vorliegende Darstellung folgt dem Gruppierungsprinzip von Warder.

[6] Aus Platzgründen ist im Folgenden die 3. Pers. Sing. meist nur durch die männliche Person „er" vertreten. Selbstverständlich ist damit immer auch das weibliche und das sächliche Genus gemeint.

Verben der ersten Konjugation sind:

āharati	er nimmt, holt, bringt
icchati	wünscht
upasaṅkamati	geht zu, nähert sich
eti	geht, kommt
carati	wandert
jīvati	lebt
tiṭṭhati	steht, wartet
dadāti (deti)	gibt
dassati, dakkhati (dakkhiti)	sieht
pajahati	gibt auf, verzichtet
pabbajati	gibt das häusliche Leben auf
pavisati	tritt ein, betritt
passati	sieht
bandhati	bindet
bhavati	ist, existiert
bhāsati	spricht
ramati	freut sich
labhati	erreicht, erlangt
vadati	sagt, spricht
vasati	hält sich auf, wohnt
nisīdati	setzt sich nieder
harati	bringt, holt
hoti	ist, existiert

Das Präsens steht im Pāli auch in Fällen geschichtlicher Erzählung (historisches Präsens) sowie bei zeitlos gültigen Feststellungen.

1.3 Anwendung des Nominativs

Der **Nominativ** bezeichnet das **handelnde Subjekt**. Im Satz steht es in der Regel vor dem die Handlung ausdrückenden Verb.

Beispiel:	
Tathāgato bhāsati	der „Sogegangene" spricht

Die Nominativform wird auch gebraucht zur Herstellung einer **prädikativen Verbindung** zwischen zwei Substantiven.

Beispiel:	
puriso samaṇo (*hoti*)	der Mann ist ein Asket

Das Verb (*hoti*) ist nicht unbedingt notwendig, muss also gegebenenfalls bei der Übertragung ins Deutsche hinzu gesetzt werden.

An diesem Beispiel wird auch deutlich, dass Hauptwörter im Pāli ohne Artikel (siehe aber 6.2.3) gebraucht werden. Er muss dann im Deutschen ergänzt werden, je nach dem Sinnzusammenhang als bestimmter oder unbestimmter Artikel.

Der Nominativ steht auch, wo ein Wort einzeln genannt wird und in Fällen, in denen im Deutschen ein Ausdruck durch Anführungszeichen hervorgehoben wird. Dann wird dem Wort die Silbe ***ti*** (verkürzt aus *iti*) nachgestellt. So heißt „Wahrheit" *dhammo ti* (auch zusammen geschrieben als *dhammoti*), vgl. dazu auch 5.5.

Bestimmte Umstandswörter, die eine Richtung anzeigen (*yena ... tena* in Richtung auf; zu) verlangen abweichend vom Deutschen den Nominativ für den Zielort.

Beispiel:
Tathāgato yena gāmo ten'upasaṅkamati
Der „Sogegangene" nähert sich dem Dorf (geht auf das Dorf zu)

Das Adverb *tena* wird vor einem Vokal zu *ten'* verkürzt, gelegentlich wird diese verkürzte Form auch mit dem folgenden Wort verschmolzen. Näheres dazu unter 10.11.

1.4 Übungsaufgaben

1. *Puriso bhāsati.*
2. *Putto upasaṅkamati.*
3. *Evaṃ* (so) *vadāma.*
4. *Tathāgato khattiyo hoti.*
5. *Eso* (dieser) *samaṇo.*
6. *Devo amanusso hoti.*
7. *Upāsako pucchati.*
8. *Jīvāma.*
9. *Brāhmaṇo nisīdati.*
10. *Evaṃ bhāsatha.*

Lektion 2

Wir befassen uns mit der Mehrzahlbildung, den Formen des Akkusativs (4. Fall, Wen-Fall) und einer uns auch aus dem Deutschen vertrauten Möglichkeit, die Bedeutung von Wörtern durch Hinzufügung von Vorsilben zu verändern.

2.1 Nominativ Plural der Substantive mit Stammendung *-a*

Männliche Substantive haben die Endung *-ā.*

Beispiel:	
gāmā	Dörfer

Sächliche Substantive haben die Endung *-āni.*

Beispiel:	
kicchāni	Schwierigkeiten

2.2 Akkusativ Singular der Substantive mit Stammendung *-a*

Männliche Substantive haben die Endung *-aṃ.*

Beispiel:	
brāhmaṇaṃ	den Brahmanen

Sächliche Substantive haben die gleiche Endung wie im Nominativ.

Beispiel:	
dhanaṃ	das Geld (Akk.)

2.3 Akkusativ Plural der Substantive mit Stammendung *-a*

Männliche Substantive haben die Endung *-e.*

Beispiel:	
purise	die Männer (Akk.)

Sächliche Substantive haben die gleiche Endung wie im Nominativ.

Beispiel:	
gehāni	die Häuser (Akk.)

2.4 Anwendung des Akkusativs

Der Akkusativ bezeichnet wie im Deutschen den Gegenstand oder die Person, die das Objekt des handelnden Subjekts sind.

Beispiele:	
aggaṃ phusati	er erreicht das Ziel
brāhmaṇaṃ passati	er sieht den Brahmanen
putte passatha	ihr seht die Söhne
purise bandhanti	sie binden die Männer
dhanaṃ āharāma	wir bringen Geld
gehāni pavisanti	sie betreten die Häuser

Aber auch:

brāhmaṇaṃ vadati er spricht zu dem Brahmanen

Hier muss im Pāli der Akkusativ stehen, während im Deutschen der Dativ anzuwenden ist.
Ebenso:
Sugataṃ atthaṃ pucchanti
sie fragen den „Willkommenen" nach dem Sinn (dt. Dativ)

Der Akkusativ (von Substantiven und Adjektiven) wird auch adverbiell verwendet, v.a. wenn ein Zeitablauf, die Dauer oder die Art und Weise einer Handlung geschildert wird

Beispiele:

ekaṃ samayaṃ	zu einer Zeit, einst
ekaṃ māsaṃ āgacchāma	wir kommen in einem Monat
sukhaṃ vasati	er lebt glücklich
sādhukaṃ bhāsanti	sie sprechen gut
atikkhippaṃ gacchasi	du gehst zu schnell
dīghaṃ (rassaṃ) passasāmi	ich atme lang (kurz) aus

Ähnlich wie *dīgha* wird *cira* verwendet, jedoch nur in der zeitlichen Bedeutung. *Dīgha* steht darüber hinaus auch für „lang" im räumlichen Sinn.

2.5 Präfixe (Vorsilben)

In Lektion 1 ist uns ein Verb (*upasaṅkamati*) begegnet, das sich aus drei Bestandteilen zusammensetzt: *upa-saṅ-kamati. Kamati* ist das Grundwort mit der Bedeutung „geht". *Upa* (nahe, bei) und *saṃ* (zusammen, gemeinsam) sind Präfixe (Vorsilben), die die Grundbedeutung des Wortes abwandeln. Es gibt annähernd zwanzig solcher Vorsilben, mit denen sich die Bedeutung und Aussagefähigkeit des Grundworts (dabei kann es sich neben Verben auch um Substantive und Adjektive handeln) verändern lässt. Allerdings ist es nicht so, dass man immer oder doch meistens aus den ursprünglichen Bedeutungen des Grundworts und der Vorsilbe den Sinngehalt des kombinierten Wortes erkennen könnte. Wir brauchen hier nur an ähnliche Verbindungen im Deutschen zu denken. Beispielsweise lassen sich aus den Wörtern „setzen“, „stellen“, „legen“ usw. durch Vorsetzen von Silben wie „be-“, „an-“, „auf-“, „über-“, „zu-“, „unter-“, „ver-“ usw. zahllose neue Tätigkeitswörter konstruieren, deren Bedeutung sich nicht unmittelbar erschließt, die daher jeweils eigens gelernt werden müssen. Ähnlich ist es im Pāli. Dennoch ist es gelegentlich sinnvoll, die Aussage der Wortkombination aus der ursprünglichen Bedeutung von Verb und Vorsilbe herzuleiten. Gerade bei semantisch schwierigen Stellen ist der Rückgriff auf den Ursprungsgehalt oft hilfreich. Deshalb werden die am häufigsten verwendeten Vorsilben in Teil III in Tabelle 1 aufgeführt.

Mit dem Wort *kamati* werden u.a. gebildet:

pakkamati	(*pa-* weg, fort) er geht weg, fort
okkamati	(*o-* oder *ava-* abwärts, ab, weg) er geht hinunter

Wir sehen, dass die Hinzufügung der Vorsilbe zu einer Verdoppelung des folgenden Konsonanten geführt hat. (Vgl. dazu auch die Schreibweise *atikkhippaṃ* in obigem Beispiel.) Diese und weitere Veränderungen bei Wortverbindungen werden unter 10.11 näher besprochen werden.

2.6 Wörter und Übungsaufgaben

2.6.1 Wörter

sahāyo	Freund
āgacchati	er kommt
gacchati	er geht
passasati	er atmet aus
saṃvaṭṭati	fällt zusammen, vereinheitlicht sich

eka	ein
cira	lang (zeitlich)
dīgha	lang (zeitlich und räumlich)
rassa	kurz
sādhu	gut
sādhuka	gut
sukha	glücklich
ati-	zu viel, über- (Vorsilbe)
khippaṃ (Adv.)	schnell

2.6.2 Übungsaufgaben

1. *Manussā gehaṃ pavisanti.*
2. *Dānaṃ detha.*
3. *Sahāyo pakkamati.*
4. *Ekaṃ samayaṃ loko saṃvaṭṭati.*
5. *Sugataṃ vadāmi.*
6. *Upāsakā rassaṃ passasanti.*
7. *Devā sukhā honti.*
8. *Dārakā samaṇaṃ sīlāni pucchanti.*
9. *Atikkhippaṃ okkamasi.*
10. *Samaṇe atthaṃ pucchāma.*

Lektion 3

Heute lernen wir Zeitwörter anderer Beugungsgruppen (6. und 7. Konjugation) kennen, die Art, wie im Pāli die Vergangenheit gebildet wird und den sog. Vokativ (Anrede-Fall).

3.1 Präsens der sechsten Konjugation

Zur sechsten Konjugation gehören einige wenige Verben mit dem **Präsensstamm** ***-o***.

Beispiel:	
karoti	er macht
karonti	
karosi	
karotha	
karomi	
karoma	

Ebenso konjugiert werden:

vyākaroti	er erklärt, beantwortet
sakkoti	er kann
pahoti	er kann
tanoti	er dehnt aus.

Wir merken uns:

kālaṃ karoti	„er stirbt“ (wtl.: er macht/vollendet [seine] Zeit)

3.2 Präsens der siebenten Konjugation

Die siebente Konjugation umfasst Verben mit dem **Präsensstamm *-e*** (manchmal auch ***-aya***).

Beispiel:	
chaḍḍeti	er wirft weg
chaḍḍenti	
chaḍḍesi	
chaḍḍetha	
chaḍḍemi	
chaḍḍema	

Verben dieser Konjugation sind:

kāmeti	er liebt
āmanteti	er begrüßt, wendet sich jmd. zu
katheti	er erzählt, berichtet
paṭisaṃvedeti	er fühlt
abhivādeti	er grüßt, verabschiedet sich
nīvaseti	er kleidet sich an
vañceti	er täuscht, betrügt
deseti	er lehrt

Mehrere dieser Verben sind sog. Kausative, vgl. 8.4.

3.3 Vergangenheitsform (Aorist)

Der Aorist als einheitliche Vergangenheitsform hat die Formen des Imperfekts und Perfekts fast vollständig verdrängt (vgl. unten 10.9).

Der Aorist unterscheidet sich vom Präsens nicht nur durch andere Beugungsendungen. Oft wird auch ein neuer Stamm verwendet. In bestimmten Fällen kommt es zur Voransetzung eines ***a-*** (**Augment**).

Es lassen sich hauptsächlich drei verschiedene Arten der Bildung des Aorists unterscheiden:

3.3.1 Die häufigste Form der Aoristbildung

Sie besteht in der Anfügung der Endungen unmittelbar an den Wortstamm.

Beispiel:	
nisīdi	er setzte sich
nisīdiṃsu	
nisīdi	
nisīdittha	
nisīdiṃ	
nisīdimha	(in anderer Schreibweise *nisīdimhā;* diese alternative Schreibung für die 1. Pers. Pl. gilt auch für die übrigen Formen der Aoristbildung)

Ebenso folgende Verben:

abhāsi (mit Augment)	er sprach
upasaṅkami	er näherte sich
pabbaji	er verließ das häusliche Leben
bandhi	er band
pucchi	er fragte
pakkāmi	er ging fort
pāvisi	er trat ein
āsi	er war (Verb *atthi* vgl. 5.3)

In den letzten drei Beispielen wurde der Stammvokal *-a* zu *-ā* gedehnt.

3.3.2 Der Aorist der siebenten Konjugation

Er fügt im Stamm ein *-s-* ein und hat in der dritten Person Plural eine abweichende Endung.

Beispiel:	
kathesi	er erzählte
kathesuṃ, kathesi (wie Präsens), *kathesittha, kathesiṃ, kathesimha*	

3.3.3 Eine weitere Form des Aorists

Bei ihr wird im Singular ebenfalls ein *-s-* eingeschoben. Der Stamm wird in der Einzahl mit *-ā-*, in der Mehrzahl mit *-a-* gebildet. Zusätzlich erhalten mehrere Verben als Anlaut das Augment *a-*.

Beispiel:	
aṭṭhāsi	er stand
aṭṭhaṃsu, aṭṭhāsi, aṭṭhattha, aṭṭhāsiṃ, aṭṭhamha	

Ebenso der Aorist folgender Verben:
akāsi (von *karoti*) er machte
adāsi (von *dadāti*) er gab
pahāsi (von *pajahati*) er gab auf, verzichtete.

3.3.4 Einzelne unregelmäßige Formen

Aorist von *hoti:*
ahosi er war, es gab
ahesuṃ, ahosi, ahuvattha, ahosiṃ, ahumha

Aorist der Verbwurzel *vac* (eine davon abgeleitete Präsensform ist ungebräuchlich):

avoca (Nebenform *avaca*) er sagte, sprach
avocuṃ, avoca, avocuttha, avocaṃ, avocumha

Aorist von *passati/dassati* (beides bedeutet: sehen)

addasā er sah
addasaṃsu (addasāsuṃ), addasā, addasatha, addasaṃ, addasāma[7]

Weitere unregelmäßige Formen der Aoristbildung unter 7.5.

3.4 Vokativ

Der Vokativ ist der „Anrede"-Fall. Er wird verwendet, wenn in einem Gespräch eine Person mit Namen oder Titel angesprochen wird. In deutschen Übersetzungen wird der Vokativ häufig mit der Formulierung „o" (z. B. o, Ānanda ...) verdeutlicht, v.a. wenn ein Höherrangiger angesprochen wird.

Bei den männlichen Substantiven mit Stammendung *-a* ist die Vokativendung gleich der Stammendung.

Beispiel:
deva o König!

Der Vokativ der Mehrzahl ist mit dem Nominativ identisch.

[7] Für die Formen des Präsens wird überwiegend *passati* verwendet, die Bildung der übrigen Formen (hier: Aorist) geht meist von der Nebenform *dassati* (*dakkhati, dakkhiti*) aus.

3.5 Wörter und Übungsaufgaben

3.5.1 Wörter

kālo	Zeit, Gelegenheit
lābho	Gewinn
dhāreti	hält, merkt sich (behält im Gedächtnis)
atha	dann, da, nun
evaṃ	so
kho	tatsächlich, nun
ca	(oft wiederholt: *ca ... ca*) und
kattha	wo, wohin

3.5.2 Übungsaufgaben

1. *Atha kho Kokāliko kālaṃ akāsi.*
2. *Tathāgato purise āmanteti.*
3. *Phalaṃ paṭisaṃvedetha.*
4. *Atthaṃ dhāresi.*
5. *Nivāsesiṃ.*
6. *Lābhaṃ pahamha.*
7. *Evaṃ deva ...*
8. *Sugato gāmaṃ pāvisi.*
9. *Mogallāno ca Sāriputto ca sahāyā ahesuṃ.*
10. *Upāsako brāhmaṇo ahosi.*
11. *Kattha vasasīti* (zur Endung *ti* und zur Dehnung des vorhergehenden Vokals vgl. 5.5) *pucchiṃsu.*
12. *Puttā kammāni akaṃsu.*

Lektion 4

Diese Lektion zeigt, wie die Mittelwörter der Gegenwart und der Vergangenheit gebildet werden, welche Gestalt im Pāli der Genitiv (2. Fall, Wes-Fall) und der Dativ (3. Fall, Wem-Fall) haben und wie durch Hinzufügung einer besonderen Endung an den Verbstamm die Zukunftsform der Zeitwörter entsteht.

4.1 **Partizip Präsens** (Mittelwort der Gegenwart)

Das Partizip Präsens hat im männlichen Nominativ die Endungen ***-ṃ, -nto*** oder ***māno***.

Beispiel:
gacchaṃ, gacchanto, gacchamāno
alle drei Formen bedeuten: „der gehende ...", aber auch „der Gehende" (zu weiteren Formen siehe 9.9. b)

Wir sehen an diesem Beispiel, dass das Partizip Präsens sowohl als Adjektiv wie auch als Substantiv gebraucht werden kann. Es unterliegt dann auch den entsprechenden Deklinationsregeln.

Beispiele:

gacchanto vadati	er spricht im Gehen (wtl.: er spricht gehend; er spricht als Gehender)
purise dhanaṃ āhārante passati	er sieht die Männer, die Geld bringen (wtl.: die Geld bringenden Männer)

Die Verben der 6. und 7. Konjugation bilden folgende Formen (Nom. Sing. m.): *karaṃ, karonto, karamāno* machend; *kathayaṃ* (*e* wird zu *aya*), *kathento* (*kathayanto*), *kathayamāno* erzählend.

4.2 Partizip Perfekt (Mittelwort der Vergangenheit)[8]

Es wird durch Anhängen der Endung ***-ta*** oder ***-ita*** an den Stamm gebildet. In einigen Fällen wird er dabei verändert. So entstehen folgende Formen:

āgacchati	*āgata*	gekommen
adhigacchati	*adhigata*	erlangt, verstanden
eti	*ita*	gegangen, gekommen
kamati	*kanta*	gegangen
karoti	*kata*	gemacht
kilamati	*kilanta*	ermüdet
gacchati	*gata*	gegangen
cavati	*cuta*	geschwunden, gestorben
chaḍḍeti	*chaḍḍita*	weggeworfen
tiṭṭhati	*ṭhita*	gestanden, geblieben
dassati	*diṭṭha*	gesehen
deseti	*desita*	gelehrt
pabbajati	*pabbajita*	in die Hauslosigkeit gegangen
pucchati	*puṭṭha*	gefragt
bhāsati	*bhāsita*	gesprochen
bhavati	*bhūta*	gewesen, geworden
[9]	*vutta*	gesagt
(vi-)muñcati	*(vi)mutta*	befreit, erlöst

---

[8] Unter dem Partizip Perfekt wird im Folgenden stets das passive Partizip verstanden, sofern nicht ausdrücklich die aktive Form – vgl. 10.4 – genannt wird.

[9] Keine Präsensform

Ebenso wie das Partizip Präsens kann auch das Partizip Perfekt sowohl als Substantiv wie auch als Adjektiv gebraucht werden. Als Eigenschaftswort muss es in Zahl, Fall und Geschlecht mit dem Hauptwort übereinstimmen.

Beispiel:
upāsakā upasamkantā (honti)
die Laienanhänger sind angekommen

Bestimmte Partizipien werden als unpersönliche Substantive in der Form eines sächlichen Nominativs verwendet.

Beispiel:
sutaṃ das Gehörte

Einige Verben (v.a. die der 3. Konjugation, vgl. 6.1) bilden das Partizip Perfekt mit der Endung ***-na***:

āpajjati	*āpanna*	hinein geraten, besessen von
uppajjati	*uppanna*	entstanden, geschehen
upapajjati	*upapanna*	wiedergeboren
chindati	*chinna*	abgeschnitten
dadāti	*dinna*	gegeben
nisīdati	*nisinna*	niedergesetzt
paṭipajjati	*paṭipanna*	ausgeführt, vorgegangen
sampajjati	*sampanna*	ausgestattet, versehen mit
hāyati	*hīna*	mangelhaft, schlecht

4.3 Genitiv der Substantive mit Stammendung *-a*

Die Genitivform ist zu erkennen an der Endung ***-assa*** in der Einzahl und ***-ānaṃ*** in der Mehrzahl.

Beispiele:	
Nominativ	Genitiv
loko	*lokassa*
kāyā	*kāyānaṃ*
dukkhaṃ	*dukkhassa*
yānāni	*yānānaṃ*

Der Genitiv wird verwendet, um die Beziehung zwischen zwei Substantiven anzugeben, wobei der Genitiv meist vorangestellt wird.

Beispiel:
kumārassa sahāyo der Freund des Jungen

Der Genitiv dient auch zur Anzeige eines Besitzverhältnisses.

Beispiel:
yānaṃ puttassa (hoti) der Wagen gehört dem Sohn (wtl: der Wagen ist des Sohnes)

Das Verb (*hoti*) kann fehlen.

Der Genitiv steht in Verbindung mit folgenden Wörtern:

antarena	zwischen
piṭṭhito	hinter
pūra	voll
purato	vor (räumlich)

Beispiele:	
upāsakassa piṭṭhito	hinter dem Laienanhänger
yānānaṃ antarena	zwischen den Wagen

Ebenso wird die Himmelsrichtung durch den Genitiv ausgedrückt.

Beispiel:
dakkhiṇaṃ nigamassa südlich der Stadt

Der Genitiv eines Nomens in Verbindung mit einem ebenfalls im Genitiv stehenden Partizip kann einem Hauptsatz vorangestellt sein (sog. absoluter Genitiv).

Beispiel:
In der Schilderung des Weges des Buddha zum Erwachen (MN 26) heißt es:
mātāpitunnaṃ rudantānaṃ ... pabbajiṃ
obzwar Vater und Mutter (*mātāpitunnaṃ* ist der Genitiv des aus *mātar* Mutter und *pitar* Vater gebildeten Kompositums, vgl. 9.5 u. 10.2.1) weinten, gab ich das häusliche Leben auf (wtl.: [trotz] der weinenden ...)

Ebenso:
puññassa karontassa kilamati indem/während er Verdienst erwirkt, ermüdet er

Der im Deutschen für die Auflösung des absoluten Genitivs nötige Nebensatz wird – wie in den obigen Fällen ersichtlich - durch „obzwar", „indem", „während" oder ähnliche Formulierungen eingeleitet.

4.4 Dativ der Substantive mit Stammendung *-a*

Die Formen des Dativs entsprechen im Pāli denen des Genitivs, so dass die Frage, ob im gegebenen Text eine Genitiv- oder eine Dativkonstruktion vorliegt, weitgehend theoretischer Natur ist. Im Allgemeinen lässt sich jedoch sagen, dass der Dativ vorwiegend eine sich in der Handlung ausdrückende Beziehung zu einer Person/einem Objekt ausdrückt, während der Genitiv das unmittelbare Verhältnis zwischen zwei Substantiven darstellt.

Es gibt allerdings im Singular neben der normalen Endung *-assa* noch eine besondere Dativendung ***-āya*** für Fälle, wo ein bestimmter Zweck erfüllt oder ein bestimmter Erfolg erzielt werden soll.

Beispiele:	
piṇḍāya eti	er geht um Almosen
hitāya hoti	es ist von Vorteil
dukkhāya hoti	es führt zu Leid
lābhassa atthāya	(hier steht vor dem Dativ ein Genitiv) zum Zweck der Gewinnerzielung

Der Dativ steht in Verbindung mit folgenden Wörtern:

kāmeti	es gefällt jmd.
āroceti	er meldet jmd., teilt jmd. mit
piya	es ist jmd. lieb, angenehm

sowie

nach *alaṃ*	jmd. hat genug von etwas
nach *(a-)bhabba*	jmd. ist (un-)fähig zu etwas

4.5 Futur (Zukunft)

Die Zukunft wird gebildet, indem zwischen Wortstamm und Präsensendung ***-iss-*** (in der 7. Konjugation ***-ess-***) eingefügt wird.

Beispiele:	
pucchissati	er wird fragen
chaḍḍessanti	sie werden wegwerfen

Bei einigen Verben wird der Stamm verkürzt und *-ss-* (oder eine assimilierte Form von *-ss-*) ohne den Vokal *-i-* eingefügt:

ṭhassati	er wird stehen, warten
dassati	wird geben
checchati (auch *chindissati*)	wird schneiden
lacchati (auch *labhissati*)	wird erlangen
dakkhiti (auch *dakkhissati*)	wird sehen

4.6 Wörter und Übungsaufgaben

4.6.1 Wörter

akālo	Unzeit
anto	Ende
ārāmo	Garten, Kloster
gahapati (m.) (Akk. *gahapatiṃ*)	Hausherr, Haushälter, Hausvater
parinibbānaṃ	Eingehen in das Nibbāna, vollständiges Erlöschen
paribbājako	Wanderer, Wanderasket, Pilger
piṇḍo	Almosen
bhante	Herr, Ehrwürdiger (als Anrede, nicht als Titel im Nominativ)
yācanaṃ	Bitte, Verlangen
hitaṃ	Vorteil, Wohl
kilamati	wird müde, ermüdet
nikkhamati	geht hinaus
rudati (rodati)	weint
paññatta (PP. Adj.)	vorbereitet, bereit
dakkhiṇa	rechts, südlich
pacchima	letzter, westlich
idha	hier
eva (va)	bloß, nur, schon
dūra	fern
dūrato	von fern, von weitem
na	nicht

muhuttaṃ (Adv.)   kurze Zeit, eine Weile

4.6.2 Übungsaufgaben

1. *Addasā kho Tathāgato Anāthapiṇḍikaṃ gahapatiṃ dūrato va āgacchantaṃ.*
2. *Piṇḍāya akālo.*
3. *Maraṇaṃ dukkhaṃ hoti.*
4. *Kālaṃ karonto avoca ...*
5. *Tathāgato vimutto.*
6. *Na ciraṃ Tathāgatassa parinibbānaṃ bhavissati.*
7. *Dukkhass´ (= dukkhassa) antaṃ karissanti.*
8. *Ānando Tathāgatassa piṭṭhito ṭhito ahosi.*
9. *Addasaṃsu paribbājakā brāhmaṇe āgacchante.*
10. *Kammaṃ karontassa kāyo kilamissati.*
11. *Kilantā ahuvattha?*
12. *Upāsakā dvārassa purato ṭhitā ahesuṃ.*

Lektion 5

Heute geht es um zwei weitere Gruppen von Hauptwörtern: solche, die auf *-ā* ausgehen – sie sind sämtlich weiblich – und solche, die eine konsonantische Endung haben. Wir lernen außerdem: ein häufig gebrauchtes Wort (*atthi*), die Befehlsform, das Wort- und Satzanhängsel *ti*, die Art der Verneinung der Satzaussage und die Möglichkeit, durch Hinzufügung einer bestimmten Endung an das Zeitwort einen Wunsch oder eine Möglichkeit auszudrücken.

5.1 Substantive mit Stammendung *-ā*

Weibliche Hauptwörter auf *-ā* haben in den bisher besprochenen Fällen (Nominativ, Genitiv/Dativ, Akkusativ, Vokativ) folgende, am Beispiel *vedanā* (Gefühl) gezeigte Endungen:

	Singular	Plural
Nom.	*vedanā*	*vedanā* (oder *vedanāyo*)
Gen./Dat.	*vedanāya*	*vedanānaṃ*
Akk.	*vedanaṃ*	wie Nominativ
Vok.	*vedane*	„

Zu ihnen gehören:

avijjā Unwissenheit
upek(k)hā Gleichmut
kathā Gespräch, Worte
karuṇā Mitgefühl
taṇhā Durst
desanā Belehrung
paññā Weisheit
mettā Liebe
vācā Wort, Rede

vijjā	Wissen, Weisheit
saññā	Wahrnehmung
saddhā	Vertrauen

5.2 Einige Substantive mit konsonantischer Endung

Neben den bereits besprochenen Substantiven mit der Stammendung *-a (ā)* und den weiter unten dargestellen, auf *-u* und *-i* endenden, gibt es eine Reihe von Substantiven, deren Stamm eine konsonantische Endung aufweist. Von diesen lernen wir zunächst drei kennen.

5.2.1 Beispiel: *bhagavant* der Erhabene

	Singular	Plural
Nom.	*bhagavā*	*bhagavanto*
Gen./Dat.	*bhagavato*	*bhagavantānaṃ*
Akk.	*bhagavantaṃ*	*bhagavanto*

Ebenso:

āyasmant Ehrwürdiger.

Vokativformen von *bhagavant* sind nicht üblich. Sie werden ersetzt durch die Anrede „*bhante*" oder „*bhadante*".
Die Bezeichnung „*bhagavant*" ist dem Buddha vorbehalten. Mehrzahlformen gibt es daher nur dort, wo auf die Buddhas früherer oder künftiger Zeiten hingewiesen wird, so in MN 51; 123 und DN 16.5.15; 25.21 und 28.1.

5.2.2 Beispiel: *rājan* König

	Singular	Plural
Nom.	*rājā*	*rājāno*
Gen./Dat.	*rañño*	*raññaṃ*
Akk.	*rājānaṃ*	*rājāno*

Als Vokativ wird verwendet *„mahārāja"* oder *„deva".*

5.2.3 Beispiel: *brahman* Brahma, höheres göttliches Wesen

Die Singularformen von *brahman* sind *brahmā* (Nom.), *brahmuno* (Gen./Dat.), *brahmānaṃ* (Akk.), *brahme* (Vok.).

Die vollständigen Formen von *bhagavant, rājan, brahman* finden sich in Teil III in den Tabellen 7, 11, 10.

5.3 Das Verb *atthi*

Für das Wort „sein" haben wir bereits die Pāli-Entsprechungen *hoti* und *bhavati* kennen gelernt. Ein weiteres Wort mit gleicher Bedeutung ist ***atthi*** (er/sie/es ist; es gibt). Es wird gebraucht, wenn das Vorliegen einer Tatsache besonders betont wird und steht daher fast immer zu Beginn eines Satzes.

Die Konjugation des Präsens lautet: *atthi, santi, asi, attha, asmi (amhi), asma (amha).*

Das Partizip Präsens (seiend) hat die Stammformen *sant, sat* und *samāna.* Die letztere Form wird am häufigsten verwendet, oft zur Verstärkung einer Aussage. Sie hat im Nom. Sing. die Endungen *-o* (m.), *-ā* (f.), *-aṃ* (n.).

Beispiele:
brāhmaṇo pañhaṃ puṭṭho samāno ...
der Brahmane, dem eine Frage gestellt wird ... (wtl.: Frage gefragt seiend)
satto itthattaṃ āgato samāno
ein Wesen, das auf diese Welt gelangt ist (wtl. angekommen seiend)

5.4 **Imperativ** (Befehlsform)

Die Befehlsform wird, vom Präsensstamm ausgehend, wie folgt gebildet:

puccha	2. Pers.Sing.: frage!
pucchatha	2. Pers.Pl.: fragt!
pucchatu	3. Pers.Sing.: er möge fragen; wollen Sie (Sing.), bitte, fragen.
pucchantu	3. Pers.Pl.: sie mögen fragen; würden Sie (Plural), bitte, fragen.

Die 2. Pers. Einzahl erhält bei manchen Verben in der Imperativform eine zusätzliche Beugungsendung: ***-hi***

Zum Beispiel bei folgenden Verben:

vadehi	(der Stammlaut *-a-* des Präsens wird hier zu *-e-*) sag! sprich!
ehi	geh (auch: komm)!
hohi	sei!
karohi	mach!

Dabei wird der vorhergehende Vokal gedehnt, falls er nicht schon von Natur aus lang ist.

Beispiel:
jīvāhi lebe!

Die Befehlsform *tiṭṭha* hat neben dem unmittelbaren wörtlichen Sinn (steh! warte!) noch zwei weitere Bedeutungen: a) mach dir keine Sorgen! Kein Grund zur Sorge! b) es kann dahingestellt bleiben, ob ...

Wie oben gezeigt, wird die dritte Person des Imperativs auch zum Ausdruck eines Wunsches oder einer Einladung gebraucht, meist in Verbindung mit der Nominativform ***bhavaṃ*** (von *bhavant*) Herr, Ehrwürdiger.

Beispiel:
bhavaṃ pucchatu möge der Herr/der Ehrwürdige fragen

In der unmittelbaren Anrede (Vokativ) wird in höflicher Form der Gesprächspartner mit *bho* (Vok. v. *bhavant*) angesprochen (Plural: *bhonto*). Den Mönchen des Buddha gegenüber wird die schon erwähnte Anredeform *bhante* verwendet, der Buddha selbst wird meist mit *bhadante* (gelegentlich auch *bhante*) angesprochen.

Der Genitiv/Dativ von *bhavant* lautet *bhavato* oder *bhoto.*

Zu den weiteren Formen von *bhavant* siehe Teil III, Tabelle 12.

5.5 Das kurze Wort *ti*

Das kurze Wort *ti* (verkürzt aus *iti*) haben wir bereits kennen gelernt als Kennzeichnung eines allein stehenden oder hervorgehobenen Wortes. Darüber hinaus steht es am Ende jeder direkten Rede (sie ist sehr häufig in den Texten anzutreffen, weil die indirekte Rede im Pāli nicht üblich ist), aber auch als Abschluss einer mündlich oder schriftlich geäußerten gedanklichen Erwägung.

Ein dem *ti* vorhergehender kurzer Vokal wird gedehnt.

Beispiel:

evaṃ devā ti	so ist es, o König (Vokativform *deva* mit Dehnung vor *ti*)

5.6 Negation (Verneinung)

Zur Verneinung der Aussage eines Satzes (zur Negation eines einzelnen Wortes vgl. 8.6) gibt es zwei Möglichkeiten:

a) das Wort ***na*** zu Beginn des zu verneinenden Satzteils

Beispiel:

rājaputto na pavisati	der Prinz tritt nicht ein

Wenn das folgende Wort mit einem Vokal beginnt, wird *na* zu *n´* verkürzt.

Beispiel:

n´eti	er kommt nicht

b) das Wort ***mā*** wird als Einleitung zu einem negativen Imperativ (Injunktiv) gesetzt, einem Befehl, aber auch einem Wunsch, etwas nicht zu tun. Das Verb erhält dabei die Aoristendung, die in diesem Fall aber keinen Vergangenheitsbezug hat.

Beispiele:

mā pucchittha	fragt nicht! (Aorist Med., s. 10.5)
mā pabbaji	gib das weltliche Leben nicht auf!

5.7 Optativ

Mit dem Optativ („Wunschform") wird zum Ausdruck gebracht, dass ein bestimmter Zustand/ein bestimmtes Verhalten zwar nicht gegeben ist, aber doch möglich sein könnte oder wünschenswert ist. Bei der Übersetzung ins Deutsche verwenden wir i.d.R. den Konjunktiv oder ähnliche, einen Wunsch oder eine Möglichkeit andeutende Wendungen („sollte", „müsste", „könnte").

Die an den Präsensstamm angefügten Endungen des Optativs sind in allen Konjugationen gleich: *-eyya, -eyyuṃ, -eyyāsi, -eyyātha, -eyyaṃ, -eyyāma.*

Beispiel:
passeyya er könnte/würde/sollte sehen
passeyyuṃ, passeyyāsi, passeyyātha, passeyyaṃ, passeyyāma

Für *atthi* und *hoti* gibt es die häufig verwendete Form ***assa*** (es könnte sein) mit den entsprechenden weiteren Formen *assu, assa, assatha, assaṃ, assāma* sowie das etwas seltener verwendete, fast nur in der 3. Pers. Sing. vorkommende Wort ***siyā***. Gelegentlich kommen beide Formen in einem Satz vor.

Beispiel:
siyā kho pana te (Gen./Dat. v. *tvaṃ* du) *evam assa ...*
es könnte aber nun sein, dass du folgendes denkst (wtl.: dass dir so (zumute) wäre) ...

5.8 Wörter und Übungsaufgaben

5.8.1 Wörter

ayaṃ (vgl. 6.2.4) dieser, diese
ahaṃ ich

itthattaṃ	diese Welt, Diesseits
idaṃ	dies, dieses
cetaso (Gen./Dat. v. *cetas/ceto*, s. 7.3)	Geist, Gemüt
taṃ (Pers. Pron.)	es
devatā	Gottheit
pañho	Frage
yakkho	Geist, Dämon
rājaputto	Königssohn, Prinz
adhigacchati	erwirbt, lernt
niruddha (PP. v. *nirujjhati*)	beendet, vernichtet, aufgelöst, erlöst
kusala	gut, heilsam, geschickt, kundig
idha	auch: „nehmen wir an, dass ...“; „setzen wir den Fall, dass ...“
yathā	wie
yan nūna	wie (wäre es), wenn ... (Einleitung zu einem Fragesatz)
pana	aber
pi	auch
bhaddaṃ (Adv. mit Dativ)	viel Glück!
ha	tatsächlich, wirklich (oft nur zur Verstärkung)
hi	denn, weil

5.8.2 Übungsaufgaben

1. *Ahaṃ pi yena Uruvelā ten´ upasaṅkamissāmi dhammadesanāya.*
2. *Bhagavā Anāthapiṇḍikaṃ gahapatim etad* (dies) *avoca: ehi Sudattā ti.*
3. *Āḷavako yakkho Bhagavantam etad avoca: nikkhama samaṇā ti.*
4. *Etu* (3. Pers. Sing. Imp. v. *eti*) *bhavaṃ Ānando, nisīdatu bhavaṃ Ānando, idam āsanaṃ paññatan ti (= paññataṃ ti).*

5. *Desetu Bhagavā dhammaṃ desetu Sugato dhammaṃ.*
6. *Mā h´evaṃ (= ha evaṃ) Kokālika avaca, ma h´evaṃ Kokālika avaca.*
7. *Idha samaṇo vā brāhmaṇo vā kusalaṃ dhammaṃ adhigaccheyya.*
8. *Devatā etad avocuṃ ...*
9. *Saññā ca vedanā ca niruddhā honti.*
10. *Yan nūna kusalaṃ kareyyāma?*
11. *Brāhmaṇā brahmuno puttā.*
12. *Ayaṃ bhāsitassa attho.*
13. *Mā bhagavato purato aṭṭhāsi.*
14. *Ahaṃ pi tam evam evaṃ vyākareyyaṃ yathā tam Mahākaccānena* (Instrumentalfall von *Mahākaccāno*, vgl. 7.8.1) *vyākataṃ.* (Zur Schreibweise *tam* und *evam* vgl. die Bemerkung zu 6.4 a.)

Lektion 6

Zunächst wird uns hier eine weitere Konjugation (die dritte) vorgestellt. Dann geht es um etwas, was in seiner Vielfalt auf den ersten Blick verwirrend aussieht: um drei verschiedene Fürwörter, die persönlichen, hinweisenden und bezüglichen. Schließlich folgt noch der Bezugssatz.

6.1 Präsens der dritten Konjugation

Zur 3. Konjugation werden Verben gerechnet, die im Präsensstamm das Suffix ***-ya-*** aufweisen, häufig assimiliert zu ***-ññ-*** oder ***-jj-***.

Beispiel:
maññati er meint/denkt
maññanti, maññasi, maññatha, maññāmi, maññāma

Ähnlich konjugiert werden:

ādiyati	er nimmt
āpajjati	gerät in, trifft auf
uppajjati	entsteht, geschieht
upapajjati	wird wiedergeboren
chijjati (auch *chindati*)	schneidet ab
jāyati	wird geboren
nirujjhati	hört auf, löst sich auf
paṭipajjati	befasst sich, beschäftigt sich, geht vor
vijjati	findet sich, ist

Eine häufige idiomatische Wendung bei Lehrdarlegungen ist *ṭhānaṃ etaṃ vijjati* dies ist möglich (wtl.: dieser Ort/diese Sache findet sich), sowie das Gegenteil *n'etaṃ ṭhānaṃ vijjati* dies ist unmöglich, das kann nicht sein.

6.2 Personal- und Demonstrativpronomen
(Persönliche und hinweisende Fürwörter)

6.2.1 Persönliche Fürwörter

1. Person	Singular		Plural	
Nom.	*ahaṃ*	ich	*mayaṃ*	wir
Akk.	*maṃ*	mich	*amhe*	uns

2. Person	Singular		Plural	
Nom.	*tvaṃ*	du	*tumhe*	ihr
Akk.	*taṃ (tvaṃ)*	dich	*tumhe*	euch

3. Person	Singular			Plural		
Nom.	m.	f.	n.	m.	f.	n.
	so (sa) er	*sā* sie	*taṃ (tad)* es	*te* sie	*tā* sie	*tāni* sie
Akk.	m. und f.		n.	m.	f.	n.
	taṃ ihn, sie		*taṃ (tad)* es	”	”	”

Der Gebrauch persönlicher Fürwörter ist im Nominativ im Pāli nicht unbedingt erforderlich, weil die handelnde Person an der Flexionsendung des Verbs zu erkennen ist.

Wir merken uns:

Für einige Fälle kann eine verkürzte Form für das persönliche Fürwort der 1. und 2. Person verwendet werden. Sie lautet in der 1. Person im Singular ***„me“*** für den Genitiv/Dativ und den später zu besprechenden Instrumental, im Plural ***„no“*** für Genitiv/Dativ, Akkusativ und Instrumental. In der 2. Person wird im Singular ***„te“*** gesetzt für Genitiv/Dativ und Instrumental, im Plural ***„vo“*** für Genitiv/Dativ, Akkusativ und Instrumental.

Diese häufig gebrauchten verkürzten Formen sind <enklitisch>, d.h. sie können nie am Beginn eines Satzes stehen.

6.2.2 Voranstellung des Buchstaben -e

Allen Formen der 3. Person kann ein ***-e*** vorangestellt werden, ohne dass sich die Bedeutung ändert: ***eso, esā, etaṃ, etad, ete*** usw.

6.2.3 Die **3. Person** des persönlichen Fürworts

kann außerdem in **drei weiteren Bedeutungen** gebraucht werden:

a) in einer demonstrativen: dieser/diese/dieses;

Beispiel:	
eso samaṇo	dies(er) ist ein Asket

b) in der Funktion eines Artikels, wenn das Pronomen vor einem Substantiv steht;

Beispiel:	
taṃ yānaṃ	der Wagen

c) sie kann schließlich auch der Verstärkung eines anderen persönlichen Fürworts dienen.

Beispiel:	
so ahaṃ	ich, der ich

6.2.4 *ayaṃ / idaṃ*

Ein anderes, sowohl als persönliches wie auch als hinweisendes Fürwort für die dritte Person gebrauchtes Wort ist ***ayaṃ / idaṃ***:

	Singular			Plural		
	m.	f.	n.	m.	f.	n.
Nom.	*ayaṃ*	*ayaṃ*	*idaṃ*	*ime*	*imā*	*imāni*
	er/ dieser	sie/ diese	es/ dieses	sie/ diese	sie/ diese	sie/ diese
Akk.	*imaṃ*	*imaṃ*	*idaṃ*	„	„	„
	ihn/ diesen	sie/ diese	es/ dieses	„	„	„

6.2.5 Ein weiteres Demonstrativpronomen

ist ***asu*** (Nom. Sing. m. und f.) jener, jene; ***aduṃ*** (Nom. Sing. n.) jenes. Die Akkusativformen sind *amuṃ* (Sing. m. und f.) und *aduṃ* (Sing. n.). Von den übrigen Formen merken wir uns den Genitiv Plural (m. und f.) *amūsaṃ.*

6.2.6 Genitiv/Dativ-Formen sind:

von	*ahaṃ*	*mama (me)*
„	*tvaṃ*	*tava (te)*
„	*mayaṃ*	*amhākaṃ (no)*
„	*tumhe*	*tumhākaṃ (vo)*
„	*(e)so, (e)taṃ*	*(e)tassa*
„	*(e)sā*	*(e)tassā*
von	*(e)te, (e)tāni*	*(e)tesaṃ*
„	*(e)tā*	*(e)tāsaṃ*
„	*ayaṃ (m.)*	*assa (imassa)*
„	*ayaṃ (f.)*	*assā (imassā)*
„	*ime*	*imesaṃ*
„	*imā*	*imāsaṃ.*

Wir merken uns: an die Stelle der Akkusativform *taṃ* und der Genitivform *tesaṃ* treten häufig die Formen ***naṃ*** **(*enaṃ*)** und ***nesaṃ***.

Nicht zu verwechseln ist ***assa*** (Gen./Dat. von *ayaṃ*) und ***assa*** (Optativ 3. Pers. Sing. von *atthi* und *hoti* vgl. 5.7)!

Beispiele:
parisā pi 'ssa (= assa) hoti dussīlā auch seine (wtl.: dessen) Umgebung ist sittenlos
kim assa karaṇīyaṃ? (siehe dazu 9.1) Was wäre zu tun?

Gleichlautend ist auch *assa* (Nom.Sing. *asso*) Pferd, Ross.

Mit Personal- und Demonstrativpronomen werden u.a. folgende **idiomatische Wendungen** konstruiert:

etassa kālo	es ist Zeit für ... (wtl.: Zeit dessen)
tassa evaṃ hoti	er denkt, überlegt sich (wtl.: ihm ist so [zumute])
mama accayena	nach meinem Tod (*accayena* ist Instrumental vgl. 7.8.1)

Die vollständigen Formen der Personal- und Demonstrativpronomen finden sich in Teil III in den Tabellen 13 bis 19.

6.3 Relativpronomen (Bezügliche Fürwörter)

Das Relativpronomen (welcher, welche, welches; der, die, das) wird im Pāli gebildet, indem der erste Buchstabe der 3. Person des Personalpronomens (*s* oder *t*) durch *y* ersetzt wird: ***yo*** welcher, ***yā*** welche, ***yaṃ*** welches. Der Genitiv m. und n. lautet ***yassa***. Die übrigen Formen sind analog Tab. 15 bis 17 zu bilden.

Beispiel:
yassa dāni kālaṃ maññasi wie dir beliebt; ganz wie du möchtest (wtl.: [zu] wessen [Zweck] du nun meinst, [deine] Zeit [verwenden zu müssen]) – eine häufige Floskel am Ende eines Gesprächs

Wir merken uns:

a) Die Verbindung von bezüglichem und persönlichem Fürwort, z. B. ***yo so*** usw. entspricht dem deutschen „der(-jenige) ... welcher"; „der ... der".

Beispiel:
ye icchiṃsu te akaṃsu diejenigen, welche (es) wollten, die taten (es auch)

b) Die Verdoppelung des Relativpronomens, z. B. ***yo yo***, bedeutet eine Verallgemeinerung: wer auch immer (vgl. dazu auch 10.8).

6.4 Relativsatz (Bezugssatz)

Für die in Pālitexten sehr häufig vorkommenden Relativsätze (Nebensätze, die die Aussage des Hauptsatzes näher kennzeichnen) werden nicht nur die unter 6.3 genannten Relativpronomen verwendet. Es gibt eine Reihe von Adverbien, die in gleicher Weise – auch in konditionalem, temporalem oder kausalem Sinn – den Bezug eines Satzes oder Satzteiles zu einem anderen herstellen.

Dazu gehören:

a) *sace, ce und yadi* alle in der Bedeutung „wenn" (i.S. von falls)

Beispiele:
sace agāraṃ ajjhāvasati, rājā hoti, sace kho pana pabbajati arahaṃ hoti
wenn er im Hause bleibt (d.h. dem weltlichen Leben verbunden), ist er König, wenn er aber das häusliche Leben aufgibt, ist er ein Vollendeter

taṃ ce te purisā evam āroceyyuṃ, api nu tvaṃ evaṃ vadeyyāsi ...?
wenn dir Menschen dies so (*evam*) mitteilen sollten, würdest du (ihnen) dann Folgendes (*evaṃ*) sagen ...?

Ce ist enklitisch (s. dazu 6.2.1 a.E.), kann daher nie am Anfang eines Satzes stehen.

Die bereits an früheren Beispielen zu beobachtende wechselnde Schreibweise von *evam,* bzw. *evaṃ* erklärt sich aus dem unterschiedlichen Anlaut des folgenden Wortes. Bei anlautendem Vokal wird die Nasalierung aufgehoben: *ṃ* wird zu *m.* Das gleiche gilt, wenn das nachfolgende Wort mit einem Labiallaut beginnt (*p*, *ph*, *b*, *bh*, und *m*). Allerdings wird, wie bereits früher zu erkennen war, diese Regel nicht durchgehend befolgt.

An dieser Stelle sei auch erwähnt, dass die Vorsilbe *paṭi* in manchen Texten *pati* geschrieben wird. In den Übungslektionen 1-10 wird nur die erste Schreibweise verwendet.

b) *yadā* als, wenn (i.S. von sobald)

Beispiel:
yadā aññāsi ... atha pakāsesi als er (es) wusste, zeigte er (es) (*aññāsi* ist eine Aoristform von *jānāti* vgl. 8.5)

c) *yato* weil, als, da, seitdem

Beispiel:
yato upakkamiṃsu paribhuñjituṃ, atha tesaṃ sattānaṃ sayaṃpabhā (sayaṃ+pabhā) antaradhāyi
weil sie begannen zu essen, da verschwand der selbstleuchtende Glanz der Wesen
(*paribhuñjituṃ* ist der Infinitiv von *paribhuñjati* essen, genießen vgl. 9.3; zu *sayaṃ* vgl. 7.6.a)

d) *yattha* wo (oft zusammen mit *tattha* dort)

Beispiel:
yattha sīlaṃ tattha paññā, yattha paññā tattha sīlaṃ
wo Tugend, dort Weisheit, wo Weisheit, dort Tugend

e) *yathā* wie

Beispiel:
yathā vyākaroti taṃ āroceyyāsi
du solltest (mir) mitteilen, was er erklärt (wtl.: wie er erklärt, das solltest du ...)

f) *yaṃ* hat neben seiner Bedeutung als Relativpronomen (welches) oft die allgemeine Funktion der Verbindung von Haupt- und Nebensatz. In einem solchen Fall ist es dann mit „dass" oder einer anderen ähnlichen Konjunktion zu übersetzen.

Beispiele:
anacchariyaṃ kho pan'etaṃ, Ānanda, yaṃ manussabhūto (*manussa* mit Stammendung, vgl. 10.2.1 + *bhūto*) *kālaṃ kareyya*
aber das ist doch nichts Überraschendes, Ānanda, dass ein Menschenwesen sterben sollte

hoti kho so samayo, yaṃ ayaṃ loko vivaṭṭati
es gibt eine Zeit, wo (oder: in der) sich diese Welt ausdehnt (vielfältig wird)

6.5 Wörter und Übungsaufgaben

6.5.1 Wörter

agāraṃ	Haus, Heim
ovādo	Rat, Belehrung
kulaputto	Familiensohn
nāma (alter Akk. von *nāmaṃ*)	genannt ..., namens ..., mit Namen ...
nigamo	(Klein-) Stadt, Marktort
padaṃ	Fuß, Fußspur, Wort
para	(der, die, das) andere
(pari-)vitakko	Gedanke
piḷakā	(Eiter-) Geschwür
puṭo	Gepäck, Bedeckung, (Haut-)Überzug
bhuto	(Lebe-)Wesen
saddo	Laut, Geräusch, Lärm
sāvako	Schüler, Anhänger
hatthī (m.) (Nom. v. *hatthin*)	Elefant
akkhāyati	es wird gesagt, es gilt
ajjhāvasati	(be-) wohnt, hält sich auf
antaradhāyati	verschwindet
āroceti	erzählt, teilt mit
upakkamati	unternimmt, beginnt
ovadati	belehrt, unterrichtet
pakāseti (Kaus. – vgl. 8.4 – von *pakāsati*	zeigt (erscheint)
paribhuñjati	isst, genießt
vivaṭṭati	trennt sich; dehnt sich aus; wird vielfältig

araha	würdig, wert, geeignet
(vgl. dazu	
arahati	ist wert, würdig, verdient es, sollte
arahā, arahaṃ	der noch in diesem Leben Erlöste [Nom. v. *arahat, arahant*])
(an-)acchariya	(nicht) überraschend
sabba	ganz, vollständig
api; api nu	(leitet mit Optativ eine Frage ein) könnte? ist es möglich?
paṭhamaṃ	zuerst
tathā	so
micchā (Adv.)	schlecht
sammā (Adv.)	gut

6.5.2 Übungsaufgaben

1. *Ekamantaṃ (= ekam antaṃ) nisinno maṃ etad avoca ...*
2. *Tassa evaṃ hoti: eso Māro.*
3. *Yathā te Bhagavā vyākaroti tathā naṃ dhāreyyāsīti.*
4. *Yaṃ parassa taṃ mama assāti.*
5. *Acirapakkantassa Kokālikassa* (lies: *a-cira-pakkantassa*) (Gen.abs.) *sabbo kāyo piḷakāhi puṭo ahosi.*
6. *Micchā paṭipanno tvaṃ asi, ahaṃ asmi sammā paṭipanno.*
7. *Addasā kho Bhagavā tā devatāyo.*
8. *Ahaṃ kho kammaṃ akāsiṃ, kammaṃ kho pana me karontassa kāyo kilanto.*
9. *Bhaddaṃ bhavato hotu.*
10. *Mayaṃ yaṃ icchissāma taṃ karissāma.*
11. *Yo so satto paṭhamaṃ upapanno tassa evaṃ hoti: aham asmi Brahmā.*
12. *Yo so Pukkusāti kulaputto nāma so kālakato.*
13. *Hatthipadaṃ* (Kompositum aus *hatthin + padaṃ*) *tesaṃ aggam akkhāyati.*
14. *Mā bhonto saddaṃ akattha, samaṇassa Gotamassa sāvako āgacchati.*

Lektion 7

Heute nehmen wir uns vor: Eigenschaftswörter; die Leideform der Zeitwörter (Passiv); Hauptwörter auf *-as;* eine im Deutschen unbekannte, elegante Wortbildung, die durch e i n e n Begriff ausdrückt, wozu im Deutschen ein ganzer Nebensatz benötigt wird, das Absolutivum; einige Sonderfälle der Vergangenheitsbildung; rückbezügliche und besitzanzeigende Fürwörter; das Wort *attan*; sowie drei Fälle, die wir im Deutschen nicht kennen: Instrumental, Ablativ und Lokativ.

7.1 **Adjektive** (Eigenschaftswörter)

Zahlreiche Eigenschaftswörter sind uns bereits begegnet. Die meisten hatten – ebenso wie viele Substantive – im Nominativ die Beugungsendung *-o* (m.), *-ā* (f.) oder *aṃ* (n.). Sie werden in diesem Buch (im Gegensatz zu den Substantiven, vgl. 1.1) mit der einheitlichen Stammendung *-a* aufgeführt.

Im Geschlecht, im Fall und in der Zahl folgen die Adjektive dem zugehörigen Hauptwort.

Beispiele:
brāhmaṇo iddho (hoti) der Brahmane ist mächtig
puriso brāhmaṇaṃ iddhaṃ pucchati der Mann fragt den mächtigen Brahmanen
kusalassa dhammassa avijjā die Unkenntnis der guten Lehre
vedanā daḷhā ahesuṃ die Schmerzen waren heftig

Werden mehrere Adjektive zur Qualifizierung verwendet, steht i.d.R. das erste vor, die folgenden hinter dem Hauptwort.

Beispiel:
sammodanīyaṃ kathaṃ sārānīyaṃ vītisāretvā ... (Abs., vgl. 7.4)
nachdem freundliche und höfliche Worte gewechselt waren ...

Soll ein Adjektiv mehrere Substantive qualifizieren, so bestehen folgende Möglichkeiten:
a) das Adjektiv steht im Plural, wobei – wenn die Hauptwörter verschiedenen Geschlechts sind – das männliche das weibliche Geschlecht verdrängt, das sächliche die beiden anderen;
b) das Adjektiv steht in der Einzahl und folgt im Geschlecht dem nächststehenden Substantiv;
c) die Summe der Hauptwörter wird als neutraler Kollektivbegriff angesehen mit der Folge, dass das Eigenschaftswort als neutraler Singular erscheint.

7.2 Passiv (Leideform)

Die Passivform wird durch Erweiterung des Stammes mit ***-īya-*** (oder ***-ya-***) gebildet. Die Beugungsendungen sind dieselben wie in der Aktivkonjugation. Durch Assimilation können sich jedoch Änderungen des Wortstamms ergeben.

Präsens am **Beispiel** *karoti*

karīyati es wird gemacht
karīyanti, karīyasi, karīyatha, karīyāmi, karīyāma

Genau so konjugiert werden
pahīyati (Aktiv: *pajahati*) es wird aufgegeben
akkhāyati (Aktiv: *akkhāti*) es wird gesagt, es gilt
(pari-)muccati (Aktiv: *(pari-)muñcati*) er wird befreit
nīyati (Aktiv: *neti*) er wird geführt
haññati (Aktiv: *hanati*) er wird getötet
Der Aorist des Passivs entsteht durch Hinzufügen der entsprechenden Aoristendungen.

Beispiel:
nīyiṃsu sie wurden geführt

Die Form des Partizips Präsens erhält man durch Anhängen der Endung *-māna.*

Beispiel:
kariyamāna gemacht werdend

Das Futur wird mit *-iss-* (bei Verben der 7. Konjug. mit *-ess-*) gebildet.

Beispiel:
haññissati er wird getötet werden

Passiv gebrauchte Verben sind in den Pālitexten verhältnismäßig selten, ausgenommen einige feststehende Wendungen, wie *vuccati* (Wurzel *vac*) es wird gesagt, er wird genannt; *paññāyati* (Aktiv: *pajānāti*) es wird verstanden.

Gebräuchlicher ist es, Sätze mit passivem Sinn unter Verwendung des Partizips Perfekt zu bilden, wobei das Subjekt im Instrumental (vgl. 7.8.1) steht.

Beispiel:
evaṃ me sutaṃ
so habe ich gehört (wtl.: so [ist] von mir gehört worden)

Me ist der Instrumental-Fall von *ahaṃ,* während *sutaṃ* das unpersönliche Neutrum von *suta* (gehört) ist.

7.3 Substantive mit der Stammendung -*as*

Eine weitere Gruppe der Substantive mit konsonantischer Endung bilden die Hauptwörter mit der Stammendung **-*as***.

Beispiel:	
siras	Kopf

siro (Nom.), *siraso* (Gen./Dat.), *siro* (Akk.), *sirasā* (Instrumental, siehe 7.8.1), *sirasā* (Abl., s. 7.8.2), *sirasi* (Lok., s. 7.8.3). Die Pluralformen folgen der *a*-Deklination.

Zu dieser Gruppe gehören

āpas	Wasser
cetas	Gemüt
tejas	Hitze, Kraft
manas	Geist, Denken
yasas	Ansehen
rajas	Staub
vayas	Alter
vāyas	Luft, Wind

Die auf *-as* endenden Substantive sind Neutra, doch werden sie häufig auch als Masculina betrachtet. Das Wörterverzeichnis (Teil IV) führt sie mit der Nominativendung *-o* auf.

7.4 Absolutivum

Für eine im Pāli sehr häufige Verbform gibt es im Deutschen und Englischen keine Entsprechung. Ihre Bezeichnung ist daher auch uneinheitlich. Nyanatiloka, das PED und Warder nennen sie in Anlehnung an eine ähnliche Verbform im Lateinischen „Gerund“. Das CPD, Cone, Seidenstücker, Fahs, Mylius und Oberlies verwenden den Ausdruck Absolutivum, bzw. Absolutiv (engl. absolutive), der auch in dieser Darstellung gebraucht wird.

Das nicht deklinierbare Absolutivum steht für eine soeben abgeschlossene Handlung – oder mehrere solcher Handlungen, vgl. das Übungsbeispiel 10 in 7.9.2 –, auf die sofort eine weitere in der Vergangenheit liegende des gleichen Subjekts folgen kann. Für letztere wird der Aorist gebraucht.

In einem solchen Fall kann man die im Absolutivum ausgedrückte vorzeitige Handlung im Deutschen durch das Plusquamperfekt wiedergeben, dem sich die nachfolgende Tätigkeit im Imperfekt anschließt, so dass z. B. *katvā avoca* mit „(nachdem) er (dies) gemacht hatte, sprach er“ zu übersetzen wäre. Möglich ist auch beide Handlungen im Deutschen mit dem Imperfekt wiederzugeben und durch „und“ zu verbinden, also: „er machte (dies) und sprach“. Eine genaue, wenn auch schwerfällige Wiedergabe ist: „(dies) gemacht habend, sprach er“.

Gebildet wird die Verbform mit folgenden, i.d.R. mit dem Stamm des Partizips Perfekt verbundenen Endungen ***-tvā, -itvā*** oder ***-ya***.

Absolutiva sind

von		
ādāti	*ādāya*	genommen habend
abhivādeti	*abhivādetvā*	gegrüßt habend
uṭṭhāti (uṭṭhahati)	*uṭṭhāya*	aufgestanden seiend
auch:		
vuṭṭhāti (vuṭṭhahati)	*vuṭṭhāya*	aufgestanden seiend
upasaṅkamati	*upasaṅkamitvā*	sich genähert habend
karoti	*katvā (karitvā)*	gemacht habend
gacchati	*gantvā*	gegangen seiend
gaṇhāti	*gahetvā*	genommen habend
dassati (dakkhati)	*disvā*	gesehen habend
nivāseti	*nivāsetvā*	sich angekleidet habend
paṭis(s)uṇāti	*paṭissutvā*	zugestimmt habend

pajahati	*pahāya*	aufgegeben, verzichtet habend
viviccati	*vivicca*	sich losgelöst habend
[10]	*vutvā*	gesagt habend
suṇāti	*sutvā*	gehört habend

7.5 Einige Sonderfälle der Aoristbildung

- *assosi* (er hörte), *assosuṃ, assosi, assuttha, assosiṃ, assumha*
  Ebenso *paccassosi* zustimmen.

- *agamāsi* oder *agamā* (er ging), *agamaṃsu, agamā, agamittha, agamāsiṃ* oder *agamaṃ, agamamha*

- *aga* oder *agā* (er ging)
  Aus der gleichen Verbwurzel wie das vorige Beispiel (*gam*). Weitere Formen sind nicht gebräuchlich.

- *ahu, ahū, ahud* (es war, es gab)
  Von *hoti* abgeleitete Sonderformen, die – jedenfalls in den Prosatexten – nur in der 3. Person Singular verwendet werden.

- *alattha* (er erlangte), *alatthuṃ* (sie erlangten), *alatthaṃ* (ich erlangte) sind Sonderformen von *labhati,* weitere hiervon abgeleitete Formen sind nicht gebräuchlich.

---

[10] Keine Präsensform

7.6 Reflexiv- und Possessivpronomen
(Rückbezügliche und besitzanzeigende Fürwörter)

Es gibt verschiedene Wörter, mit denen sich auf das Subjekt zurückweisende und besitzanzeigende Bezüge herstellen lassen:

a) ***sayaṃ*** und ***sāmaṃ*** sind unveränderliche Fürwörter, die beide „selbst" oder auch „sich selbst" bedeuten.

Beispiele:	
sāmaṃ diṭṭhaṃ	selbst Gesehenes
sayaṃpabhā (*sayaṃ + pabhā*)	aus sich selbst (entstehendes) Leuchten

b) ***saka*** eigen. Die Beugung folgt, wie im Deutschen, der Flexion des Substantivs, auf das sich *saka* bezieht.

Beispiele:	
sake nivesane	in seinem eigenen Haus
yena sako ārāmo ten´upasaṅkamati	er nähert sich seinem eigenen Garten

Wir merken uns: Eine verkürzte Form von *saka* ist ***sa***. Sie tritt vor allem in Zusammensetzungen auf.

Beispiel:	
sahatthena (*sa + hatthena* s. 7.8.1)	mit eigener Hand

Nicht zu verwechseln damit ist die von ***sant/sat*** (PPräs. v. *atthi*) abgeleitete Vorsilbe ***sa-*** im Sinne von „gut", „wahr".

Beispiele:	
sadattho (*sa + d + attho*)	der gute Zweck, das gute Ziel
(zu dem eingeschobenen *-d-* vgl. 10.11)	
sappuriso (*sa+(p)puriso*)	der gute/wahre Mensch

Eine weitere Verwechslungsmöglichkeit besteht mit den Vorsilben ***saṃ- (san-)*** und ***sa- (saha-)*** in der Bedeutung „zusammen", „mit".

Beispiele:

sadhana (*sa+dhana*)	reich (wtl.: mit Geld)
santuṭṭha (*saṃ+tuṭṭhi*)	befriedigt, zufrieden
saññā (*sa+(ñ)ñā*)	Wahrnehmung (wtl.: Zusammenwissen)

Schließlich kann *sa* auch als persönliches Fürwort (er) statt – oder in Kombination mit - *so* verwendet werden, s. 6.2.1.

7.7 Das Wort *attan*

Das Wort *attan* kann reflexives Pronomen sein und gehört dann zu der Gruppe der soeben besprochenen Fürwörter. In dieser Verwendung meint es „selbst" im Sinne von „ich selbst", „du selbst" usw. Verbunden mit einem Genitiv hat es die Bedeutung „eigen" im Sinne von „mein eigen", „dein eigen" usw.

Beispiele:
attānaṃ sukheti
er macht es sich selbst angenehm (zu *sukheti* vgl. 10.6.3)
attahitāya (*atta + hitāya* Dativ v. *hitaṃ*) zum eigenen Vorteil
jānāsi attano gatiṃ? kennst du dein eigenes Ziel?
(*jānāti* ist Verb der 5. Konjug., vgl. 8.5)

Die in den Pālitexten vorkommenden Formen von *attan* sind ganz überwiegend i.S. der erstgenannten (pronominalen) Bedeutung zu übersetzen. Nur dort, wo die brahmanische Existenzsicht zitiert wird oder die Lehre des Buddha von ihr abgegrenzt wird, handelt es sich bei *attan* um das Selbst im philosophisch-religiösen Sinn.

Als Substantiv bedeutet *attan* das ewige, unveränderliche „Selbst" oder „Ich" der brahmanischen Religion, das es nach der Lehre des Buddha nicht gibt.

Beispiel:
n´etaṃ mama, n´eso ´haṃ asmi, na so me attā
das gehört mir nicht, das bin ich nicht, das ist nicht mein Selbst

Zur Deklination von *attan* (und *addhan* Weg, Zeit) vgl. Teil III, Tab 9.

7.8 Instrumental, Ablativ und Lokativ

Bei der **Deklination** der Hauptwörter haben wir bisher kennen gelernt:

Den Nominativ, den Vokativ, den Akkusativ, den Genitiv und den Dativ. Das Pāli hat jedoch noch **weitere Möglichkeiten** durch Änderung der Flexion eines Substantivs unterschiedliche Beziehungen zu anderen Substantiven oder auch zu Verben und Adverbien auszudrücken. In den modernen Sprachen werden diese Verhältnisse durch Präpositionen („für", „zu", „mit", „durch" usw.) deutlich gemacht.

Diese besonderen Fälle des Pāli werden als Instrumental, Ablativ und Lokativ bezeichnet.

7.8.1 Der Instrumental

wird verwendet, um das Mittel anzugeben, mit dem eine Handlung ausgeführt wird. Auch das handelnde Subjekt in Passivkonstruktionen steht im Instrumental (vgl. 7.2 a.E.).
Die Instrumentalform der im Stamm auf *-a* endenden männlichen und sächlichen Substantive ist ***-ena*** in der Einzahl und ***-ehi*** in der Mehrzahl.

Beispiele:	
hatthena	mit der Hand
yānehi	mit den Wagen

Die Instrumentalform der auf ***-ā*** endenden weiblichen Substantive ist ***-āya*** in der Einzahl und ***-āhi*** in der Mehrzahl.

Beispiele:	
paññāya	mit Weisheit
vācāhi	mit Worten

Die Instrumentalformen der persönlichen Fürwörter sind:

		Singular	Plural
von	*ahaṃ*	*mayā, me*	*amhehi, no*
„	*tvaṃ*	*tayā, te*	*tumhehi, vo*
„	*so* und *taṃ*	*tena*	*tehi*
„	*sā*	*tāya*	*tāhi*
„	*ayaṃ* (m.)	*iminā*	*imehi*
„	*ayaṃ* (f.)	*imāya*	*imāhi*

Die vollständigen Formen finden sich in den Tab. 13 bis 19.

7.8.2 Der Ablativ

bezeichnet den Ausgangspunkt eines Ereignisses/einer Handlung.

Bei Substantiven mit Stammendung *-a* ist die Ablativendung in der Einzahl ***-ā***. Daneben gibt es noch eine weitere Form mit dem an den Stamm angehängten Suffix ***-to***.

Beispiele:	
janapadā pakkamati	er geht aus dem Land fort
sahāyato	von einem Freund

Der Ablativ der weiblichen Substantive auf ***-ā*** stimmt mit dem Instrumentalfall überein.

In der Mehrzahl ist der Ablativ mit dem Instrumental identisch.

Der Ablativ der Einzahl kann auch mit den Ablativendungen von *ayaṃ/idaṃ* gebildet werden: ***-smā*** und ***-mhā*** (vgl. dazu Teil III, Tab. 18).

Beispiel:	
devasmā und *devamhā*	von einem Gott

7.8.3 Der Lokativ

gibt den Ort, die Zeit oder sonstige Umstände an, unter denen eine Handlung stattfindet, sowie das besondere Verhältnis eines Substantivs zu einem anderen („in Bezug auf").

Auf *-o* bzw. *-am* endende männliche und sächliche Hauptwörter haben in der Einzahl die Endung ***-e***, in der Mehrzahl die Endung ***-esu***. Weibliche Substantive mit der Endung *-ā* haben in der Einzahl die Endung ***-āyaṃ*** oder ***-āya***, in der Mehrzahl ***-āsu***.

Beispiele:	
brahmaloke antaradhāyi	er verschwand aus der Brahmawelt
dhammesu avijjā	Unkenntnis in Bezug auf die Eigenschaften
Nālandāyaṃ viharati	er lebt in (bei) Nālandā

Wie der Ablativ kann auch der Lokativ des Singulars mit den Lokativendungen des Demonstrativpronomens *ayaṃ/idaṃ* gebildet werden: ***-smiṃ*** und ***-mhi***. (Teil III, Tab. 18).

Beispiel:
lokasmiṃ und *lokamhi* in der Welt

7.9 Wörter und Übungsaufgaben

7.9.1 Wörter

indo	Gott Indra
cakkhu (n.)	Auge
gati (f.)	Ziel, Weg, Fährte
gahapatiko = gahapati	Hausvater, Haushälter
janapado	Land
paccatthiko	Feind
paṇḍito	Weiser, Gelehrter
patto	(Ess-) Schale
nivesanaṃ	Haus, Heim
māṇavo	junger Brahmane
vihāro	Aufenthalt, Wohnhaus, Kloster
sammāsambuddha	Vollkommen Erwachter
sabhā	Versammlungshalle
hattho	Hand
hetu (m.)	Grund, Ursache

udapādi (Aorist, 3. Pers. Sing. von *uppajjati;*
weitere Aoristform: *uppajji*)

garukaroti	ehrt, schätzt, preist
paṭilabhati	erlangt
ramati	erfreut sich, findet Gefallen (an)
voloketi	überblickt, betrachtet
sakkaroti	schätzt, ehrt
atīta	vergangen

atītaṃ addhānaṃ	in der Vergangenheit
apparajakkha	kaum verunreinigt, kaum von Staub bedeckt
iddha	mächtig
upanissāya (Abs.)	gestützt auf, abhängig von, verbunden mit
daḷha	stark, heftig
paṭisallīna	zurückgezogen
maharajakkha	stark verunreinigt, von viel Staub bedeckt
rahogata	einsam
sannipatita	versammelt
pubbaṇhasamayaṃ	morgens, vormittags („zur Frühzeit")
pubbaṇho	Morgen, Vormittag
pubbe (Adv.)	früher, vorher
pubba (Adj.)	früher
kacci	vielleicht, doch, hoffentlich (Einleitung bei Fragesätzen)

7.9.2 Übungsaufgaben

1. *Dhamme ramati paṇḍito.*
2. *Na parimuccati dukkhasmā.*
3. *Kacci maṃ Jīvaka na paccatthikānaṃ desi?*
4. *Upāsako Tathāgate saddhaṃ paṭilabhati.*
5. *Imasmiṃ sati* (Lok. von *sat,* PPräs. von *atthi*) *idaṃ hoti.*
6. *So mayā diṭṭho.*
7. *Sakko devānam indo pubbe manussabhūto* (vgl. Beispiel 6.4 f) *samāno Magho māṇavo nāma ahosi, tasmā Maghavā ti vuccati.*
8. *Tena kho pana samayena Sudassano māṇavo rañño Pasenadi piṭṭhito ṭhito hoti.*
9. *Addasā kho Bhagavā buddhacakkhunā* (Kompositum, der erste Wortteil mit Stammendung, vgl. 10.2.1) *lokaṃ volokento satte apparajakkhe mahārajakkhe.*

10. *Ye pi te ahesuṃ atītam addhānaṃ arahanto sammāsambuddhā te pi bhagavanto dhammaññeva (= dhammaṃ eva) sakkatvā, garukatvā upanissāya vihariṃsu.*
11. *Bhagavā pubbaṇhasamayaṃ nivāsetvā pattacīvaram* (Kompositum, der erste Wortteil mit Stammendung, vgl. 10.2.1) *ādāya nigamaṃ piṇḍāya pāvisi.*
12. *Brāhmaṇagahapatikā* (Kompositum, der erste Wortteil mit Stammendung, vgl. 10.2.1) *sabhāyaṃ sannipatitā honti.*
13. *Idaṃ vutvā Sugato uṭṭhāy´ (= uṭṭhāya) āsanā vihāraṃ pāvisi.*
14. *Atha kho Bhagavato rahogatassa paṭisallīnassa evaṃ parivitakko cetaso udapādi.*
15. *Yā Tathāgate kaṅkhā vā vimati vā sā pahīyissati* (Futur *-iss* – und Pass. *-īy* – v. *pajahati* s. 4.5 und 7.2.).

Lektion 8

Wir befassen uns heute näher mit den Anwendungsfällen von Instrumental, Ablativ und Lokativ. Die letzten noch nicht besprochenen Fürwörter lernen wir kennen: Fragefürwörter und unbestimmte Fürwörter. Eine weitere Gruppe von Zeitwörtern, die 5. Konjugation, erwartet uns sowie eine besondere Art der Zeitwörterbeugung, die Veranlassungsform (Kausativ). Und schließlich geht es noch um die Art, wie einzelne Wörter im Pāli verneint werden können.

8.1 Anwendungsfälle von Instrumental, Ablativ und Lokativ

8.1.1 Instrumental

a) als Einzelbegriff

sukhena	voller Glück
saddena	von Lärm erfüllt
gāravena	aus Achtung
dānena	durch Geben
santena	ruhig
tuṇhībhāvena	schweigend
yānena	in einem Wagen fahrend
nāgena	einen Elefanten reitend
adaṇḍena	ohne Gewalt (wtl.: ohne Stock)
iminā (pariyāyena)	auf diese Weise
sahassena	um/für tausend (Geldstücke)
vitthārena	ausführlich

b) in Wortverbindungen und idiomatischen Wendungen:

brāhmanehi saddhiṃ	mit den Brahmanen

sabbena sabbaṃ vollständig
samasamo vaṇṇena gleich an Schönheit
kicchena adhigata (nur) mit Mühe verstanden
aparena samayena nach einer gewissen Zeit
tena samayena zu dieser Zeit
mama accayena nach meinem Tod
aññatra raññā (Instrumental von *rājan*) außer dem König
kālena kālaṃ von Zeit zu Zeit

8.1.2 Ablativ

a) als Substantiv

agārasmā pabbajito ein aus dem häuslichen Leben Fortgegangener
gāmā gāmaṃ von Dorf zu Dorf
uṭṭhāy´ (= *uṭṭhāya*, Abs.) *āsanā* sich vom Sitz erhoben habend
padosā cittaṃ parisodheti er läutert sein Herz von Zorn
tamhā ābādhā mutto erholt (wtl.: befreit) von dieser Krankheit
paṭisallānā vuṭṭhito aus der Zurückgezogenheit gekommen (wtl.: aufgestanden)
vivicca (Abs.) *akusalehi dhammehi* abgewandt von unheilsamen Dingen

b) als Pronomen und in Verbindung mit einem Adverb

kasmā warum
tasmā darum
ito von hier, ab jetzt
ito bhiyyo mehr (besser) als dies
kuto von wo?
param maraṇā nach dem Tode
adho aggā unter dem Gipfel

8.1.3 Lokativ

tasmiṃ samaye	zu dieser Zeit, bei dieser Gelegenheit
pacchime māse	im letzten Monat
dhammesu ñāṇaṃ	Kenntnis der (in Bezug auf die) Eigenschaften
dhammā sappurise	Eigenschaften eines guten/wahren Menschen (wtl.: Eigenschaften in ...)
kaṅkhā dhamme	Zweifel hinsichtlich der Lehre
pasanno ahaṃ Tathāgate	ich habe Vertrauen (wtl.: ich bin vertrauend) zu dem Vollendeten

Der Lokativ kann auch in Verbindung mit einem (ebenfalls im Lokativ stehenden) Partizip verwendet werden und einem Hauptsatz mit anderem Subjekt vorangestellt sein (sog. absoluter Lokativ, vgl. die ähnliche Konstruktion beim Genitiv).

Beispiele:
pakkante brāhmaṇe Buddha avoca ...
nachdem der Brahmane weggegangen war, sagte der Buddha ...
adhivattamāne ca me bhante jarāmaraṇe (jarā + maraṇe) kiṃ assa karaṇīyaṃ aññatra dhamme cariyāyāti?
und wenn Alter und Tod sich mir nähern, Herr, was wäre (da) anderes zu tun, als sich gemäß der Lehre zu verhalten (wtl.: außer einem Verhalten gemäß der Lehre)?

Im letzten Satzteil ist *dhamme* Lokativ, *cariyāya* Instrumental.

8.2 Interrogativpronomen (Fragefürwörter)

Dem Fragefürwort „welcher/welche/welches" („wer", „was") entspricht in der Einzahl im Pāli ***ko*** (männlich), ***kā*** (weiblich), ***kiṃ*** (sächlich). Die entsprechenden Akkusativformen sind *kaṃ, kaṃ, kiṃ.*

Wir merken uns außerdem noch die häufig verwendete Instrumentalform *kena* (m. und n.) und den ebenfalls oft gebrauchten Genitiv *kissa* oder *kassa* (m. und n.).

Die vollständigen Formen finden sich in Teil III in Tabelle 20.

Beispiele:

ko eso puriso	wer (ist) dieser Mensch?
taṃ kissa hetu	aus welchem Grund (wtl.: dies [ist] der Grund wessen)? – eine häufige rhetorische Frage bei Lehrdarlegungen

Manchmal wird die sächliche Form *kiṃ* nicht als Fragefürwort gebraucht, sondern dient dazu, dem ganzen Satz eine fragende Aussage zu verleihen.

Beispiel:

kiṃ pañhaṃ pucchasi	stellst du die Frage?

8.3 **Indefinite Pronomen** (Unbestimmte Fürwörter)

Durch Anhängen von ***ci(d)*** entstehen aus den Fragefürwörtern unbestimmte Fürwörter.

Beispiel:	
ko ci (auch: *koci*)	jeder (beliebige), irgend ein
kassa ci	wessen auch immer
kiñci	(irgend) etwas
na kiñci	nichts
yaṃ kiñci	was auch immer

8.4 Kausativ

Das Kausativ ist eine Verbkonjugation, die keine Entsprechung im Deutschen hat (vgl. aber fallen/fällen, sitzen/setzen usw.). Sie wird angewandt, wenn der Zweck einer Handlung darin besteht, eine weitere Handlung zu bewirken, z. B. wenn jemand einen anderen veranlasst, eine bestimmte Sache zu tun oder zu lassen.

In vielen Fällen wird das Kausativ **mit den Endungen der 7. Konjugation** gebildet (vgl. 3.2), auch bei Verben, die zu anderen Konjugationen gehören. Dabei kann ein im Stamm enthaltenes *-a-* zu *-ā-* werden (Kausativ I).

Beispiel:	
aus *bhavati*	er/sie/es ist, wird
entsteht die Kausativform	
bhāveti	er/sie/es lässt werden, lässt entstehen

Die vollständigen Präsensformen lauten:
bhāveti, bhāventi, bhāvesi, bhāvetha, bhāvemi, bhāvema.

In anderen Fällen wird der Stamm des Verbs durch einen Zusatz ergänzt: ***-pe, -āpe, -paya-*** (Kausativ II). Gelegentlich werden auch mehrere mögliche Formen der Kausativbildung miteinander kombiniert. Man spricht dann vom doppelten Kausativ.

Beispiel:
Aus dem einfachen Kausativ *paṭiyādeti* (er lässt bereit stellen) lässt sich das doppelte Kausativ *paṭiyādāpeti* (er veranlasst [jem.], [etw.] bereit stellen zu lassen/ [etw.] erledigen zu lassen) bilden.

Für das Wort *karoti* lassen sich folgende Kausativformen bilden: *kāreti, kārayati, kārāpeti, kārāpayati.* Die Bedeutung ist gleich: „er lässt (von einem anderen etwas) machen".

Alle Verbformen können auch als Kausativ gebildet werden. Als Beispiele seien aufgeführt:

ṭhapesi	er ließ errichten (Aorist)
kārento	machen lassend (PPräs. Nom. m.)
bhāvita	entstehen gelassen (PP.)
āmantāpetvā	angeredet gelassen habend (Abs.)

Die angegebenen wörtlichen deutschen Übersetzungen sind schwerfällig, sie müssen daher umschrieben werden.

Beispiele:
puriso diṭṭhiṃ bhāveti ein Mensch bildet (sich) eine Anschauung (wtl.: lässt ... entstehen)
pāṭikaṅkhaṃ ariyaṃ aṭṭhaṅgikaṃ maggaṃ bhāvessati
es ist zu erwarten, dass er den edlen achtfachen Pfad (sich) erschließen (wtl.: entstehen lassen) wird
brāhmaṇo taṃ purisaṃ kammaṃ kāreti
der Brahmane lässt den Mann eine Arbeit verrichten

Manche kausativen Formen haben eine eigene idiomatische Bedeutung angenommen und können nicht einfach im ursprünglich kausativen Sinn übersetzt werden.

Beispiel:
āropeti er zeigt (wtl.: er lässt heraufkommen)
(von *ārohati* er geht hinauf, besteigt)

Auch mehrere der üblicherweise zur 7. Konjugation gerechneten Verben (vgl. 3.2) sind eigentlich Kausative, deren ursprüngliche Bedeutung in den Hintergrund getreten ist, z. B.:

dhāreti	trägt, merkt
vañceti	täuscht, betrügt
nivāseti	kleidet sich an

8.5 Präsens der fünften Konjugation

Beispiel:
jānāti er kennt
jānanti, jānāsi, jānātha, jānāmi, jānāma

Ebenso:

abhijānāti	er kennt, durchschaut, entdeckt
ājānāti	lernt, versteht
pajānāti	versteht, begreift
paṭijānāti	gibt zu

Beispiele für weitere Formen:

jānātu	(Imp. 3. Pers. Sing.)
jānaṃ oder *jānanto*	(PPräs. Nom. m.)
aññāsi	(Aorist 3. Pers. Sing.)
jānissāma	(Futur 1. Pers. Pl.)
aññāya	(Abs.; oft als Kompositum: *abhiññāya*)
ñāta	(PP.)

8.6 Negation (Verneinung) einzelner Wörter

Unter 5.6 haben wir die Verneinung von ganzen Sätzen oder Satzteilen kennen gelernt.

Einzelne Wörter können durch Voranstellen bestimmter Vorsilben eine negative Bedeutung erhalten, z. B. durch ***a-*** oder (wenn das Wort mit einem Vokal beginnt) durch ***an-***.

Beispiele:

akusala	nicht gut
ananta	unendlich
anuppanna	nicht enstanden

Weitere Vorsilben dieser Art sind:
ni(r) -, vi-, apagata-, vigata-, vīta-

Beispiele:

nippītika (*ni+pīti+ka*, s. 10.2.4) ohne Freude

viraja	frei von Staub
apagatakāḷaka	ohne Flecken
vītamala	frei von Schmutz

Einen negativen Sinn hat auch die Vorsilbe ***du-*** (dagegen verleiht die Vorsilbe ***su-*** eine positive Bedeutung):

dullabha	selten (wtl.: schwer zu erhalten, von *labhati*)
dussīla	tugendlos, von schlechtem Charakter
sukata	gut gemacht

8.7 Wörter und Übungsaufgaben

8.7.1 Wörter

apara (der/die/das) zukünftige, nächste
āyasmā (m.) (Nom. v. *āyasmant*) Ehrwürdiger
kaṅkhā Zweifel
karaṇīyaṃ Angelegenheit, Geschäft
kiriyaṃ (auch *kiriyā*) Handlung
kulo Geschlecht, Abstammung, Familie
gāthā Strophe, Vers
caritaṃ Lebensführung
cariyaṃ (auch *cariyā*) Lebenswandel, Verhalten
jarā Alter
jīvitaṃ Leben
diṭṭhi (f.) Ansicht, Meinung
divāvihāro Aufenthalt während des Tages
paccayo Bedingung, Ursache
pāpimā (m.) (Nom. v. *pāpima[n]t*) Böser, Māra
pāsādo Palast
pīti (f.) Freude
bhedo Spaltung, Streit, Zerfall
malaṃ Schmutz
rajo (n. u. m.) (Nom. v. *rajas*) Staub
vanasaṇḍo Walddickicht
vāso Aufenthalt, Lager
vitthāro Umfang, Ausführlichkeit
vināyo Ordnung, Zucht, Ordensdisziplin
vipāko Ernte, Frucht, Ergebnis
vihiṃsā Schädigung, Verletzung
vyāpādo Übelwollen, Hass
samo Ruhe, Frieden
duddassika unansehnlich
dukkhin (Nom. m. *dukkhī*) traurig, betrübt
dubbaṇṇa (von *du + vaṇṇo*) verfärbt, hässliche Farbe
dummana unglücklich, traurig
adhivattati kommt heran, führt zu

vitakketi	denkt, überlegt
nīca	niedrig
paccājāta	wiedergeboren
parinibbuta	vollkommen erlöst
pasanna	vertrauensvoll
pāṭikaṅkha	wahrscheinlich
pāpaka	schlecht, schlimm, böse
saṅkhitta	kurz, kurzgefasst
sama	gleich
saha	zusammen, mit, gleichzeitig
acira	nicht lang, bald
accayena (mit Gen.)	nach (zeitlich)
aññatra	außer
tatth´eva	genau dort, auf der Stelle
dāni	nun
saddhiṃ	mit
seyyathīdaṃ	gleich wie, wie zum Beispiel

8.7.2 Übungsaufgaben:

1. *Puriso sammādiṭṭhiṃ (sammā + diṭṭhi) bhāveti.*
2. *Ekacco puggalo nīce kule paccājāto hoti ... so ca hoti dubbaṇṇo duddassiko.*
3. *Ekaṃ samayaṃ Sakkesu viharāmi Sakyānaṃ nigame.*
4. *Alaṃ te idhavāsena!*
5. *So kayena sucaritaṃ carati, vācāya sucaritaṃ carati, manasā sucaritaṃ carati.*
6. *Yena dvārena nikkami, taṃ Gotamadvāraṃ nāma ahosi.*
7. *Kiṃpaccayā taṇhā?*
8. *Kiṃ me jīvitena?*
9. *Atha kho Anāthapiṇḍiko gahapati acirapakkante āyasmante Sāriputte* (Lok. abs.) *kāyassa bhedā paraṃ maraṇā Tusitaṃ kāyaṃ* (eine himmlische Sphäre) *uppajji.*
10. *Kena maggena āgato ´si (= asi)?*
11. *Kena te attho?*
12. *Rājā kumārassa pāsāde kārāpesi.*

13. *Na khvāhaṃ (kho ahaṃ) bhante imassa Bhagavatā saṅkhittena bhāsitassa atthaṃ ājānāmi.*
14. *Adhivattamāne ca me bhante jarāmaraṇe (jarā + maraṇe)* (Lok. abs.) *kim assa karaṇīyam aññatra dhammacariyāya samacariyāya kusalakiriyāya puññakiriyāya?* (Die vier letztgenannten zusammengesetzten Begriffe sind aufzulösen!)
15. *Ito* (Abl.) *tiṇṇaṃ* (s. Tab. 23) *māsānaṃ* (Gen.) *accayena* (I).
16. *Atha kho Māro pāpimā: jānāti maṃ Āḷavikāti, dukkhī dummano tatth´-ev- antaradhāyi (= tattha-eva- ...).*
17. *Kuto tumhe nu āgacchathā ti?*
18. *Parinibbute Bhagavati* (Lok. abs.) *saha parinibbānā Brahmā Sahampati imaṃ gātham abhāsi ...*
19. *Brāhmaṇo tasmiṃ vanasaṇḍe kammantaṃ kārāpeti: Ahaṃ kho imasmiṃ vanasaṇḍe kammantaṃ kārāpento ramāmi. Ayaṃ samaṇo Gotamo kiṃ kārāpento ramatī ti?*
20. *So bhikkhu divāvihāragato pāpake akusale vitakke vitakketi, seyyathīdaṃ kāma-vitakkaṃ, vyāpāda-vitakkaṃ, vihiṃsa-vitakkaṃ.*
21. *Kissa nu kho me idaṃ kammassa phalaṃ, kissa kammassa vipāko?*
22. *Imassa ko attho?*
23. *Etha bhante ti gehaṃ pāvesetvā* (Abs., Kaus.).
24. *Na tvaṃ imaṃ dhamma-vinayaṃ ājānāsi; kiṃ tvaṃ imaṃ dhamma-vinayaṃ ājānissasi?*

Lektion 9

Wir beginnen diese Lektion mit einer im Pāli sehr häufigen Verbalform, die es möglich macht, durch eine bestimmte, einem Zeitwort angefügte Endung Sachverhalte auszudrücken, die im Deutschen mit mehreren getrennten Wörtern wiedergegeben werden müssen. Es folgen: Verben der 2. Konjugation; der Infinitiv; die Steigerungsmöglichkeiten bei Eigenschaftswörtern; Hauptwörter auf *-ar;* Hauptwörter auf *-i;* Hauptwörter auf *-u* ; Eigenschaftswörter auf *-i* und auf *-u* ; Eigenschaftswörter und Mittelwörter der Gegenwart mit konsonantischer Endung, Haupt- und Eigenschaftswörter auf *-in* ; unterschiedliche Deklinationsformen bei Haupt- und Eigenschaftswörtern.

9.1 Gerundivum

Eine weitere Verbform, die im Deutschen keine Entsprechung hat, ist das Gerundivum[11]. Bei der Übertragung ins Deutsche kann es mit „sollte" oder „müsste" in Verbindung mit dem Partizip Perfekt wiedergegeben werden oder durch den mit „zu" eingeleiteten Infinitiv, beispielsweise bei dem Verb „tun" durch die Wendung „es sollte/müsste getan werden" oder durch die Aussage „es ist zu tun".

Gebildet wird das Gerundivum durch Anhängen der Endungen ***-(i)tabba, -anīya*** oder ***-(y)ya (-cca = t-ya)*** an den gleichen Stamm, der auch dem Partizip Perfekt zugrunde liegt.

Beispiele:

---

[11] So Fahs und Mylius, Nyanatiloka bezeichnet es auch als „Partizip der Notwendigkeit"; Warder verwendet den Ausdruck „future passive participle". Seidenstücker spricht von „Verbaladjektivum".

mit ***-(i)tabba***

kamati	*kamitabba*	ist zu gehen
karoti	*kātabba*	ist zu tun
	kāretabba (Kaus.)	ist zu veranlassen
gamati	*gantabba*	ist zu gehen
carati	*caritabba*	ist zu leben
bhāveti	*bhāvetabba* (Kaus.)	ist zu entwickeln
jīvati	*jīvitabba*	ist zu leben
jānāti	*jānitabba*	ist zu wissen
dadāti	*dātabba*	ist zu geben
dassati (dakkhati)	*daṭṭhabba*	ist zu sehen
pucchati	*pucchitabba*	ist zu fragen
vedeti	*veditabba*	ist zu empfinden, ist zu betrachten
sevati	*sevitabba*	ist zu betreiben

mit ***-anīya***

kāmeti	*kamanīya*	ist zu lieben; lieblich
karoti	*karaṇīya*	ist zu machen; Geschäft
dassati	*dassanīya*	ist zu sehen; schön
ramati	*ramanīya*	ist zum sich Erfreuen; erfreulich
[12]	*vacanīya*	ist zu sagen

mit ***-(y)ya (-cca = -t-ya)***

karoti	*kicca*	ist zu tun; Geschäft
dadāti (deti)	*deyya*	ist zu geben; Geschenk

Sonderformen sind

[12] Keine Präsensform

bhavati	*bhabba*	fähig
labhati	*labbha*	erreichbar, möglich

Das Gerundivum kann, wie insbesondere die letztgenannten Fallgruppen zeigen, auch adjektivisch und substantivisch gebraucht werden.

Beispiele:
kiṃ assa karaṇīyaṃ?
was wäre zu tun?
iminā pariyāyena veditabbaṃ
das sollte man auf diese Weise betrachten
pure vacanīyaṃ pacchā avoca
was zuerst hätte gesagt werden müssen, hast du (erst) nachher gesagt
n´amhi kena ci upasaṅkamitabbo
niemand soll sich mir nähern (wtl.: ich bin nicht [einer, der] von irgend jemand angenähert werden sollte)
yaṃ te karaṇīyaṃ taṃ karohi
tue das, was erforderlich ist (wtl.: was von dir zu machen ist)
pāṇo na hantabbo
kein Wesen darf getötet werden (wtl.: ein Wesen ist nicht zu töten)
taṃ mayā kātabbaṃ
dies ist von mir zu tun

Manchmal wird der Bezug auf die Zukunft, in der das zu Tuende geschehen soll, noch zusätzlich durch ein im Futur stehendes Verb ausgedrückt, z. B. durch *bhavissati.*

Beispiele:
maggo vo gantabbo bhavissati
dieser Weg wird von euch gegangen werden müssen (oder kürzer: diesen Weg werdet ihr gehen müssen)
na dāni tena ciraṃ jīvitabbaṃ bhavissati
nun wird er nicht mehr lange zu leben haben (wtl.: wird von ihm ... zu leben sein)

kammaṃ kho me kātabbaṃ bhavissati
nun werde ich die Arbeit verrichten müssen (wtl.: mir wird die Arbeit zu tun sein)

9.2 Präsens der zweiten Konjugation

Die zweite Konjugation hat die gleichen Flexionsendungen wie die erste. Die zu ihr gehörenden Verben werden deshalb einer eigenen Gruppe zugeordnet, weil bei ihnen im Stamm eine Nasalierung eintritt.

Beispiel:
bhuñjati er isst
bhuñjanti, bhuñjasi, bhuñjatha, bhuñjāmi, bhuñjāma

Dazu gehören:
siñcati er begießt,
hiṃsati er verletzt,
muñcati er befreit

Die noch nicht besprochene **vierte Konjugation** umfasst nur ein häufiger verwendetes Wort:
suṇoti er hört

Wir merken uns davon:
suṇohi höre!

Es gibt noch die öfter verwendete Form *suṇāti,* die der ersten Konjugation folgt.

Die übrigen zur 4. Konjugation gerechneten Wörter werden selten gebraucht, so dass diese Beugungsgruppe hier nicht weiter zu würdigen ist.

Gelegentlich wird noch eine achte Konjugation erwähnt. Zu ihr werden Wörter wie *gaṇhāti* (ergreifen) gezählt, welche die gleichen Flexionen wie die 5. Konjugation haben und die deshalb hier nicht gesondert besprochen werden müssen.

9.3 **Infinitiv** (Grundform)

Er wird gebildet durch Anhängen der Endung ***-(i)tuṃ*** an den Verbstamm:

āgametuṃ (Kaus.)	warten
upasaṅkamituṃ	sich nähern
kātuṃ	tun
gantuṃ	gehen
jīvituṃ	leben
ñātuṃ	kennen, wissen
dātuṃ	geben
desetuṃ	lehren
pucchituṃ	fragen
bhavituṃ	sein, werden
bhāsituṃ	sprechen
(v)uṭṭhātuṃ	aufstehen
saññāpetuṃ (Kaus.)	begreifen lassen, überzeugen
sotuṃ	hören

Beispiel für die Anwendung des Infinitivs:
gantuṃ icchāmi ich wünsche zu gehen

Der Infinitiv kann durch eine Dativkonstruktion mit substantivischen Verbformen (wie *karaṇaṃ* Machen, *gamanaṃ* Gehen, *dassanaṃ* Sehen) ersetzt oder ergänzt werden.

Beispiel:
arahati samaṇaṃ dassanāya (Dat.) *upasaṅkamituṃ* (Inf.)
er sollte hingehen um den Asketen zu sehen

9.4 Steigerung von Adjektiven

Die übliche Steigerung erfolgt durch Anhängen der Endung ***-(a)tara***. Die so gebildete Form drückt sowohl den Komparativ als auch den Superlativ aus.

Beispiel:	
lahu (s. 9.8)	leicht
lahutara	leichter, am leichtesten
sīlavant (s. 9.9 a)	tugendhaft
sīlavantatara	stärker tugendhaft, am meisten tugendhaft

Seltener ist eine weitere Steigerungsmöglichkeit mit der Anfügung ***-īya***.

Beispiel:	
pāpa	schlecht
pāpīya, auch: *pāpiya*	schlechter, am schlechtesten

Wenig gebräuchlich ist auch die allein den Superlativ anzeigende Endsilbe ***-tama***.

Beispiel:	
suci (s. 9.8)	rein
sucitama	am reinsten

Bei einem Vergleich zwischen zwei Substantiven steht das den Vergleichsmaßstab bildende Substantiv meist im Ablativ.

Beispiel:
imasmā dhammo gambhīrataro
eine Lehre, die tiefer ist als jene

Wenn der Steigerung ein *nesaṃ* (vgl. 6.2.6) vorausgeht, liegt ein Superlativ vor.

Beispiel:	
nesaṃ vyattataro	der Klügere von ihnen = der Klügste

9.5 Substantive mit Stammendung *-ar*

Durch Anhängen der Endung ***-ar*** an einen Verbstamm lassen sich Substantive (als Handlungsträger) bilden.

Beispiele:	
dātar (von *dadāti*)	der Geber
hantar (von *hanati*)	der Töter
bhāsitar (von *bhāsati*)	der Sprecher

Die gleichen Endungen weisen einige Verwandtschaftsgrade auf, z. B. *pitar* Vater und *mātar* Mutter.

Zur Deklination vgl. Teil III, Tabelle 8.

9.6 Substantive mit Stammendung *-i (ī)*

Substantive mit der Stammendung ***-i*** gibt es in allen drei Geschlechtern.

Beispiele:	
samādhi (m.)	Vertiefung, Konzentration
akkhi (oder *akkhiṃ*) (n.)	Auge
ratti (f.)	Nacht

Zu dieser *i*-Deklination gehören u.a. folgende Substantive:

ādi (m.)	Anfang
joti (m.)	Licht
giri (m.)	Berg
muni (m.)	Weiser

vyādhi (m.)	Krankheit
aṭṭhi (n.)	Knochen
khanti (f.)	Geduld, Duldsamkeit, Nachsicht
kitti (f.)	(guter) Ruf
mutti (f.)	Befreiung
suddhi (f.)	Reinheit
vuddhi (f.)	Wachstum
bodhi (f.)	Erwachen
bhūmi (f.)	Erde
pīti (f.)	Freude
tuṭṭhi (f.)	Zufriedenheit
jāti (f.)	Geburt
diṭṭhi (f.)	Ansicht, Meinung
sati (f.)	Erinnerung, Achtsamkeit

Neben den auf *-i* endenden weiblichen Substantiven gibt es solche mit der Endung *-ī*. Sie sind oft von männlichen Substantiven der *a*-Deklination abgeleitet.

Beispiele:	
devī	Königin (von *devo*)
brāhmaṇī	Brahmanin (von *brāhmaṇo*)

Von *itthi*, Frau gibt es auch die Nebenform *itthī*.

Die Deklination bestimmt sich für die männlichen und sächlichen Substantive nach Tab. 4, für die weiblichen Substantive nach Tab. 6 in Teil III.

9.7 Substantive mit Stammendung *-u (ū)*

gibt es ebenfalls in allen drei Geschlechtern.

Beispiele:	
bhikkhu (m.)	Mönch

vatthu (n.)	Ding, Stellung, Platz
dhātu (f.)	Element

Zu dieser Deklination gehören u.a. folgende Substantive:

setu (m.)	Brücke, Damm
hetu (m.)	Ursache, Grund
bāhu (m.)	Arm
cakkhu (n.)	Auge
madhu (n.)	Honig
massu (n.)	Bart
dhenu (f.)	Kuh
rajju (f.)	Seil

Neben den auf *-u* endenden weiblichen Substantiven gibt es solche mit der Endung ***-ū,*** z. B. *vadhū*, junge Frau, Braut.

Es gibt jedoch auch einige wenige männliche Substantive mit dieser Endung.

Beispiel:	
viññū	ein kenntnisreicher Mann

Vergleiche dazu in Teil III die Tab. 5 für die männlichen und sächlichen und die Tab. 6 (mit der Anmerkung a.E.) für die weiblichen Substantive.

9.8 Adjektive der *i*- und *u*- Deklination

bilden die weibliche Form durch Anfügen der Endung ***-nī*** an den männlichen ***-i*** oder ***-u*** Stamm.

Beispiele:	
brāhmaṇo sādhu	der gute Brahmane
brāhmaṇī sādhunī	die gute Brahmanin
joti (m.) *suci*	reines Licht
sati (f.) *sucinī*	reine Achtsamkeit

Die sächliche Form entspricht der männlichen.

Die auf *-i* ausgehenden Adjektive werden sämtlich nach der *i*-Deklination (Teil III, Tab. 4 für die männlichen und sächlichen, Tab. 6 für die weiblichen Eigenschaftswörter), die auf *-u* ausgehenden in der männlichen und sächlichen Form nach der *u*-Deklination (Tab. 5), in der weiblichen Form (*-unī*) nach der *i*-Deklination (Tab. 6 mit Anmerkung a.E.) gebeugt.

Adjektive der *i*- und *u*- Deklination sind:

gāmi	gehend
gabbhinī	schwanger
hari	grün
uju	gerade, aufrecht
kataññu	dankbar
kālaññu	die (richtige) Zeit kennend
bahu	viel
madhu	süß
lahu	leicht

9.9 Adjektive und Partizipien der Gegenwart mit Stammendung *-ant*

a) Adjektive

Beispiel:	
sīlavant	tugendhaft

Der Nom. Sing. lautet *sīlavā* (m.), *sīlavatī* (f.), *sīlavaṃ* (n.).

Die übrigen Fälle entsprechen in der männlichen Form denen von *bhagavant* (Teil III, Tab. 7). Das Neutrum unterscheidet sich hiervon im Nom. und im gleichlautenden Akk. Der Sing. lautet *sīlavaṃ* (auch: *sīlavantaṃ*), der Pl. *sīlavanti* und *sīlavantāni*. Die weiblichen Formen – ausgenommen den Nom. Sing. – flektieren entsprechend der *i*-Deklination (Teil III, Tab. 6). Ebenso:

cakkhumant	Augen habend, einsichtig
vaṇṇavant	schön
mahant	groß

b) Partizipien

Beispiel:	
gacchant	gehend

Der Nom. Sing. lautet *gacchanto* (*gacchaṃ*) (m.), *gaccha(n)tī* (f.), *gacchantaṃ* (*gacchaṃ*) (n.).

Die Beugung der männlichen Form kann sowohl mit den Endungen der *ant*-Deklination (Teil III, Tab.7), wie auch mit denen der *a*-Deklination (Tab. 2) erfolgen.

Beispiel für den Gen. Sing. von *gacchanto*:
gacchato aber auch *gacchantassa*. Für die sächlichen und die weiblichen Formen gilt das zu 9.9 a Gesagte.

Für das Partizip Präsens von *atthi* (*sant* und *sat* s. 5.3) gibt es die oft verwendeten Lokativformen *sante* und *sati*. Üblich sind die Wendungen *evaṃ sante* in der Bedeutung „da dies so ist…“, „bei dieser Sachlage…“ und *imasmiṃ sati* (Lok. abs.) im Sinne von „wenn dies ist…“.

9.10 Substantive und Adjektive mit Stammendung *-in*

a) Die im Stamm auf *-in* ausgehenden Substantive sind sämtlich männlichen Geschlechts. Ihre Beugung erfolgt wie die von *aggi* (Teil III, Tab. 4). Unterschiede gibt es im Nominativ und Akkusativ des Singulars und des Plurals.

Beispiel:
hatthin Elefant
Nom. Sing. *hatthī (i)* Pl. *hatthī* oder *hatthino*
Akk. Sing. *hatthiṃ* oder *hatthinaṃ* Pl. *hatthī, hatthino* oder *hatthine*

b) Einige Haupt- und Zeitwörter bilden mit der Endung *-in* Adjektiva, die auch substantivisch gebraucht werden können.

Beispiele:
aus *vippaṭisāro* (Reue) entsteht *vippaṭisārin* (reuevoll)
aus *gacchati* (gehen) entsteht *gāmin* gehend

Sie flektieren in der männlichen Form wie *hatthin*, im Neutrum wie *akkhi* (Teil III, Tab. 4 a.E.). Die weiblichen Formen gewinnt man, indem an den Stamm *-ī* angefügt wird, z. B. *gāminī* (Nom. Sing.) und *gāminī* oder *gāminīyo* (Nom. Pl.). Im Übrigen erfolgt die Beugung entsprechend der von *iddhi* (Teil III, Tab. 6).

Beispiel:	
vādin sprechend, (der/die/das) Sprechende	
Nom. Sing. m. *vādī*	Nom. Pl. m. *vādī, vādino*
Nom. Sing. n. *vādi, vādiṃ*	Nom. Pl. n. *vādī, vādīni*
Nom. Sing. f. *vādinī*	Nom. Pl. f. *vādinī, vādinīyo*

9.11 Unterschiedliche Deklinationsformen bei Substantiv und Adjektiv

Gehören Substantiv und qualifizierendes Adjektiv unterschiedlichen Deklinationen an, so folgt jedes der für die eigene Wortgruppe geltenden Beugungsregel.

Beispiele für den Genitiv:	
pabbatassa mahato	des großen Felsens
kathāya gambhīrassa	eines tiefgründigen Gesprächs
rañño kataññuno	des dankbaren Königs
Bhagavato nisinnassa	des sitzenden Erhabenen
mettāya suciniyā	der reinen Liebe

9.12 Wörter und Übungsaufgaben

9.12.1 Wörter

akkhātā (m.) (Nom. v. *akkhātar*) Erzähler
añña (der/die/das) andere
aññātā (m.) (Nom. v. *aññātar*) Kenner
assavanatā (im Text verkürzter Ablativ, s. CPD) Nichthören
upamā Gleichnis, Vergleich
gattaṃ Glied
ghātetā (m.) (Nom. v. *ghātetar*) Veranlasser des Tötens
pariyāyo Art, Weise, Lauf

parisā	Versammlung
pāṇo	Atem, Leben, Lebewesen
mitto	Freund
sāmaññaphalaṃ	Frucht des Asketenlebens
sāvetā (m.) (Nom. v. *sāvetar*)	Mitteilender, Zu-Gehörbringender
havyaṃ	Opfergabe, Opfermahl
khamati	gefällt, duldet
parihāyati	schwindet, geht zugrunde
paccuttarati	kommt wieder heraus (z. B. aus dem Wasser)
sikkhati	übt
sukkhati	trocknet
kalyāṇa	gut, schön
-kāma	begierig zu, Lust auf ... habend
mānusa(ka)	menschlich
parivuta	umgeben
sandiṭṭhika	sichtbar, offensichtlich; dieser Welt zugehörig
iha (= idha)	hier
sesa	übrig
amutra	dort
upaḍḍha-pathaṃ	auf halbem Weg
pacchā	nach, nachher
pure	vor, vorher
lābhā (Adv. verkürzt aus dem Dativ *lābhāya*)	zum Glück für ...
sakkā (Adv.)	es ist möglich; ist es möglich?
suladdhaṃ (PP. n. von *sulabhati*)	gut erreicht, gut getroffen
vā ... no vā	oder nicht?
vata (Ausruf)	in der Tat! wirklich!

9.12.2 Übungsaufgaben

1. *Taṃ kiṃ maññasi, mahārāja, yadi evaṃ sante* (Lok. v. *sant*, PPräs. v. *atthi*, s. 5.3) *hoti vā sandiṭṭhikaṃ sāmaññaphalaṃ no vā?*
2. *Tasmātiha (= tasmā + t + iha;* das „*t*" wurde eingeschoben, vgl. 10.11) *te evaṃ sikkhitabbaṃ: kalyāṇamitto (kalyāṇa + mitto) bhavissāmi.*
3. *Yathā te khameyya, tathā naṃ vyākareyyāsi.*
4. *Santi sattā assavanatā dhammassa parihāyanti, bhavissanti dhammassa aññātāro.*
5. *Na vijjati añño samaṇo vā brāhmaṇo vā bhagavatā bhiyyo ´bhiññataro (= abhiññataro).*
6. *Ito sutvā na amutra akhhātā imesaṃ bhedāya, amutra vā sutvā na imesaṃ akkhātā amūsaṃ bhedāya.*
7. *Tattha n´atthi hantā vā ghātetā vā sotā vā sāvetā vā.*
8. *Sakkā pan´ (= pana) etaṃ bhante mayā ñātuṃ?*
9. *Evam arahati bhavituṃ.*
10. *Te vo bhāvetabbā.*
11. *Ko nu kho imaṃ havyasesaṃ (= havyaṃ sesaṃ) bhuñjeyyāti?*
12. *Tena kho pana samayena Anāthapiṇḍiko gahapati Rājagahaṃ anuppatto hoti kenacid* (Instr.von *kiñci*, vgl. 8.3) *eva karaṇīyena* (Grd. Instr. v. *karoti*).
13. *Icchām´ (= icchāmi) ahaṃ Rājagahaṃ gantuṃ.*
14. *Iminā kho etam, Ānanda, pariyāyena veditabbaṃ.*
15. *Bhuñjantu bhonto mānusake kame.*
16. *Lābhā vata me suladdhaṃ vata me yassa me satthā arahaṃ sammāsambuddha.*
17. *Atha kho Āḷavikāyā bhikkhuṇīyā etad ahosi: ko nu khvāyaṃ (= kho ayaṃ) manusso vā amanusso vā gāthaṃ bhāsatīti?*
18. *Sakkā pana, bhante, upamaṃ kātun-ti? (= kātuṃ ti)*
19. *Yaṃ te mahārāja karaṇīyaṃ taṃ karohīti.*
20. *Atha kho Susimo devaputto āyasmato Sāriputassa vaṇṇe bhaññamāne* (PPräs. v. *bhaṇati* spricht, hier als Lok. abs.)

mahatiyā devaputta-parisāya parivuto yena Bhagavā ten-upasaṅkami.

21. *Āyasmā Samiddhi Tapode gattāni parisiñcitvā paccuttaritvā aṭṭhāsi gattāni sukkhāpayamāno* (Kaus. PPräs.).
22. *Iminā tvaṃ ambho purisa dhanena attanā jīvāhi!*
23. *Samaṇo Gotamo upaḍḍha-pathaṃ āgaccheyya, ahaṃ upaḍḍha-pathaṃ gaccheyyaṃ.*
24. *Ime sattā haññantu.*

Lektion 10

In dieser letzten Lektion mit hauptsächlich grammatikalischem Inhalt befassen wir uns: mit den Zahlen; den im Pāli sehr häufigen Verbindungen und Umwandlungen von Wörtern; der Bedingungsform; einer seltenen Verbform, dem aktiven Mittelwort der Vergangenheit; einer gehobenen und poetischen Konjugationsart (Medium); weniger wichtigen Verbformen wie Desiderativ, Intensiv und Denominativ; den häufig verwendeten Bindewörtern; der Bedeutung der Wiederholung von Wörtern; dem kaum noch gebrauchten Perfekt; einer Abkürzungsformel; der Lautangleichung.

10.1 Zahlen

10.1.1 Kardinalzahlen

Den Zahlen eins bis zwanzig entsprechen im Pāli:

eka (1), *dvi* (2), *ti* (3), *catu* (4), *pañca* (5), *cha* (6), *satta* (7), *aṭṭha* (8), *nava* (9), *dasa* (10), *ekādasa* (11), *dvādasa* (12), *teḷasa* (13), *cuddasa* (14), *paṇṇarasa* (15), *soḷasa* (16), *sattarasa* (17), *aṭṭhādasa* (18), *ekūnavīsati* (19), *vīsati* (20).

Die Zahlen dreißig bis neunzig lauten: *tiṃsa* (30), *cattārīsa* (40), *paññāsa* (50), *saṭṭhi* (60), *sattati* (70), *asīti* (80), *navuti* (90).

Hundert heißt *sataṃ*, tausend *sahassaṃ.*
Die Zahlen 1-18 sind Adjektive, die folgenden Substantive.

In Verbindung mit Substantiven bestehen bei *sataṃ* und *sahassaṃ* verschiedene Möglichkeiten:

Beispiel:
sataṃ purisaṃ oder *sataṃ purisā* oder *satāni purisā* oder *satāni purisaṃ* oder *sataṃ purisānaṃ*
Die Bedeutung ist dieselbe: „hundert Männer"

Möglich ist auch die Zusammenschreibung *purisasataṃ.*

Oft wird die ziffernmäßige Angabe unter Aufspaltung der Zahl mit *-matta* (umfassend, beinhaltend) verstärkt, wie sich am Beispiel *timattāni paribbājakasatāni* (300 Wanderasketen) zeigt.

10.1.2 Ordnungszahlen

Die Ordnungszahlen „erster" bis „zehnter" lauten:

paṭhama (1.), *dutiya* (2.), *tatiya* (3.), *catuttha* (4.), *pañcama* (5.), *chaṭṭha* (6.), *sattama* (7.), *aṭṭhama* (8.), *navama* (9.), *dasama* (10.)

10.2 Verbindungen und Neubildungen von Wörtern[13]

Im Pāli sind Verbindungen (Komposita) von Wörtern sehr häufig.
Neben der Kombination und Erweiterung von Substantiven gibt es auch die Möglichkeit, durch Anfügung bestimmter Endungen Wörter einer Wortkategorie in solche einer anderen zu

[13] Die Pāli-Grammatiken beschreiben sechs verschiedene Gruppen der Kompositabildung. Die Darlegung der sie unterscheidenden Kriterien erscheint im Rahmen dieses einführenden Lehrbuchs entbehrlich.

verwandeln. Diese Variationsfähigkeit macht Pāli zu einer äußerst flexiblen Sprache.

Folgende Möglichkeiten bestehen:

10.2.1 Zusammenschreiben von Substantiven

Zwei oder mehrere Substantive können, anstatt durch „*ca*“ (und) verbunden zu werden, auch als ein Wort zusammengeschrieben sein, wobei der erstgenannte Begriff keine Deklinationsendung trägt, sondern seine Stammform behält. Diese Kombination kann

a) als im Neutrum stehender Kollektivbegriff verstanden werden mit der Folge, dass die Satzaussage in der Einzahl steht;

b) als Mehrzahl erhalten bleiben, mit entsprechenden Auswirkungen auf Verb und Adjektiv.

Beispiele:

samaṇabrāhmaṇā (Pl. m.)	Asketen und Brahmanen
pattacīvaraṃ (Sing. n.)	Almosenschale und Robe
candimasuriyā (Pl. m.)	Sonne und Mond
mukhanāsikaṃ (Sing. n.)	Mund und Nase

Gelegentlich wird auch aus zwei Substantiven durch Zusammenschreiben ein neuer Begriff gebildet. Dabei kann der Stamm des erstgenannen Wortes verkürzt werden.

Beispiel:
rājisi (aus *rājan* + *isi*) königlicher Weiser,
d.h. ein König, der seine Herrschaft aufgegeben hat und als weiser Ratgeber in der Einsamkeit lebt

10.2.2 Bildung abstrakter Begriffe

Abstrakte Begriffe werden gebildet durch Anfügung von ***-tā***(f.) oder ***-ttaṃ*** (n.) an den Wortstamm.

Beispiele:	
devatā	Gottheit
vepullatā	Überfluss
nānattaṃ	Verschiedenheit
itthattaṃ	diese Welt, Diesseits

10.2.3 Bildung neuer Substantive durch Verbindung von Hauptwörtern mit Verbbestandteilen

kammakaro (*kammaṃ + karoti*) Arbeiter
kumbhakāro (*kumbho* Topf + *kāreti* Kaus.) Töpfer
candaggāho (*cando* Mond + *g(g)āho* von *gaṇhāti*) Mondfinsternis
dhammadharo (*dhammo + dharati*) Kenner der Lehre (wtl.: der die Lehre [im Geist] behält)

10.2.4 Bildung von Adjektiven (Endung *-ika, -ka, -a)*

evaṃgatika (evaṃ + gati + -ka) dahin, zu diesem Ziel führend
akālika (a + kālo + -ika) zeitlos
aṭṭhaṅgika (aṭṭha + aṅgaṃ + -ika) achtgliedrig
ābādhika (ābādho + -ika) krank
ehipassika (ehi + passa + -ika) offensichtlich, unmittelbar einsehbar (wtl.: komm und sieh)
pāsādika (pasādo + -ika) lieblich
ponobhāvika (puna + bhavo + -ika) zur Wiedergeburt führend
gamma (verkürzt aus *gāmo + a*) gewöhnlich

Häufig werden Adjektive auch mit *-rūpa* (-förmig), *-bhūta* (-geworden) und *-kāma* (-begierig) gebildet:

tathārūpa	derartig
pāṇabhūta	lebend (auch: Lebewesen)
sotukāma	begierig zu hören
dassanakāma	begierig zu sehen
gantukāma	Lust haben zu gehen

An die Stelle von *-kāma* können weitere Suffixe mit ähnlicher Bedeutung treten, wie sich beispielsweise aus MN 126 ergibt: *puriso aggi-atthiko aggi-gavesī aggi-pariyesanaṃ caramāno* ein Mann, der Feuer begehrt, auf Feuer ausgeht, Feuer sucht (KEN).

10.2.5 Bildung von Adverbien

durch Präfixe

yathābhūtaṃ	der Wirklichkeit gemäß
yathābalaṃ	je nach Fähigkeit/Kräften
pacchābhattaṃ	nach dem Essen
yāvajīvaṃ	lebenslang
atibāḷhaṃ	zuviel
paṭipathaṃ	entgegengesetzt

10.3 Konditional (Bedingungsform)

Wo im Deutschen der Konjunktiv (die Möglichkeitsform) steht, wird im Pāli meist der Optativ (5.4) angewandt. Für die Erörterung theoretischer Möglichkeiten, insbesondere wenn bei einer Lehrdarlegung eine Tatsache als bloße Hypothese betrachtet wird, gibt es jedoch auch eine eigene konditionale Konjugation. Sie wird gebildet, indem an den Stamm des

Futurs (*-iss-*, bzw. *-ess-*) besondere, dem Aorist ähnliche Endungen angefügt werden. Zusätzlich wird dem Wortanfang das Augment *a-* vorangestellt.

Beispiel:

abhavissa	wenn es geben würde (gäbe)

abhavissaṃsu, abhavissa, abhavissatha, abhavissaṃ, abhavissāma

Bei Wörtern, die aus Grundverb und Vorsilbe zusammengesetzt sind, entfällt das Augment.

Beispiel:

paṭikkamissa	wenn er zurückkommen würde (zurückkäme)

10.4 Partizip Perfekt Aktiv

Neben dem im passiven Sinn gebrauchten Partizip Perfekt (4.2) haben einige Wörter noch ein aktives Partizip Perfekt mit den Endungen *-vin* und *-vant*, beispielsweise

bhuttāvin	gegessen habend
vusitavant	recht gelebt habend

Im Nominativ Sing. lauten die Formen

für das Masculinum	*bhuttāvī* bzw. *vusitavā*
für das Femininum	*bhuttāvinī* bzw. *vusitava(n)tī*
für das Neutrum	*bhuttāvi* bzw. *vusitavaṃ*

Die Beugung erfolgt nach den in 9.9 a (Endung *-ant*) und 9.10 (Endung *-in*) besprochenen Regeln.

10.5 Medium

Verben aller Konjugationen können besondere, von den normalen Beugungsendungen abweichende Flexionen erhalten. Diese Art der Konjugation wird Medium genannt.[14] Entsprechende Verbformen sind in Versen häufig, in Prosatexten selten. Dort stehen sie meist nur dann, wenn der Aussage eine gehobene, poetische oder verstärkende Wirkung gegeben werden soll.

Wir merken uns einige häufiger verwendete Flexionen und aus ihnen gebildete idiomatische Wendungen.

Die **Präsensendungen** sind

-te (3. Pers. Sing.), *-ante, -se, -vhe, -e, -mhe* (oder *-mhase*)

Beispiele:	
maññe (von *maññati*)	zweifellos, vermutlich, sozusagen (wtl.: ich meine), z. B.
devo maññe	vermutlich ist er/es ein Gott
bhaṇe (von *bhaṇati*)	ich sage, ich behaupte (in der Regel von einem Höherstehenden zu einem Tieferstehenden)

Die Endungen der 2. und 3. Pers. Sing. des Imperativs sind *-ssu* und *-taṃ.*

Beispiele:	
bhāsassu	sprich!
labhataṃ	soll er doch erreichen!

Die Endung des Aorists für die 3. Pers. Sing. ist *-ttha.*

---

[14] Der Ausdruck bezeichnet in Anlehnung an das Griechische eine zwischen Aktiv und Passiv stehende Mittelform mit reflexivem Sinn. Diese reflexive Beziehung fehlt jedoch meist im Medium des Pāli.

Beispiel:

pucchittha	er fragte

Die Endung des Optativs für die 3. Pers. Sing. ist *-etha.*

Beispiel:

labhetha	er könnte/sollte erreichen

Eine Form des Mediums ist auch das auf *-māna* ausgehende Partizip Präsens (vgl. 4.1).

10.6 Desiderativ – Intensiv – Denominativ

10.6.1 Desiderativ

Unter dieser Bezeichnung werden einige Verbformen geführt, die den Wunsch oder die Neigung zu einem bestimmten Handeln zum Ausdruck bringen. Die Besonderheit der Konjugation besteht darin, dass die (in diesem Lehrbuch nicht näher betrachtete) Verbwurzel in veränderter Form wiederholt (manchmal kaum mehr erkenntlich wie bei dem letzten der folgenden Beispiele) und der so gebildete Stamm durch den Zusatz ***-sa*** – erweitert wird. Die Beugung erfolgt nach der ersten Konjugation.

Beispiele:

sussūsati	er wünscht zu hören
davon abgeleitet *sussūsā*	der Wunsch zu hören
vicikicchati	er zweifelt
davon abgeleitet *vicikicchā*	Zweifel
vīmaṃsati	er erforscht (wtl.: will wissen)
davon abgeleitet *vīmaṃsā*	Forschen
vīmaṃsin	Forscher

10.6.2 Intensiv

Diese Bezeichnung wird auf eine kleine Gruppe von Verben angewandt, deren Wurzel – unter Abwandlung – verdoppelt wird zur Betonung der Intensität oder der Häufigkeit der Handlung.

Beispiel:
caṅkamati (Wurzel: *kam*) er wandelt auf und ab

10.6.3 Denominativ

Eine besondere Art der Bildung von Verben aus Substantiven wird unter dem Begriff „denominative Konjugation“ zusammen gefasst. An den Stamm des Hauptwortes werden die Flexionsendungen von Verben angehängt, i.d.R. diejenigen der 7. Konjugation (mit dem Suffix ***-e, -aya*** oder ***-ya***).

Beispiele:
aus *sukhaṃ* (Glück) entsteht *sukheti* er ist glücklich
aus *tīraṃ* (Ufer) entsteht *tīreti* er vollendet (wtl.: gelangt ans Ufer)
aus *udānaṃ* (begeisterter Ausruf) entsteht *udāneti* er ruft begeistert aus
aus *ussukkaṃ* (Ungeduld, Eifer) entsteht *ussukkati* eifrig, ungeduldig sein (dieses Verb folgt der 1. Konjugation)

10.7 Konjunktionen (Bindewörter)

Nachfolgend bringen wir eine Übersicht der meist gebrauchten Konjunktionen. Einige davon haben wir schon kennengelernt.

atha	dann
udāhu	oder
kho	tatsächlich, nun

khalu	allerdings, freilich
ca (ca ... ca)	und
tasmā	deshalb
pana	aber, jedoch
pi	auch
tena	deshalb
nu, nanu	(in Fragesätzen:) etwa? doch?
vā (vā ... vā)	oder
ha	wirklich, tatsächlich (oftmals nur zur Verstärkung)
hi	denn, weil

Die genaue Bedeutung der Konjunktionen kann manchmal nur aus dem jeweiligen Zusammenhang erschlossen werden. Gelegentlich dienen sie auch nur zur Verstärkung (wie häufig *kho*) und brauchen dann nicht übersetzt zu werden.

10.8 Wiederholungen von Wörtern

Mit der Wiederholung von Wörtern wird im Pāli eine verstärkende oder verallgemeinernde Wirkung ausgedrückt.

Beispiele:

yaṃ yaṃ jānāti	was immer er auch weiß
sīghaṃ sīghaṃ	sehr schnell
abhikkantaṃ bhante, abhikkantaṃ bhante	wirklich ausgezeichnet, Herr!
aho rasaṃ, aho rasaṃ	was für ein feiner Geschmack!
āyāmi āvuso, āyāmi āvuso	ich komme schon, Ehrwürdiger
abhikkammatha Vāseṭṭhā, abhikkammatha Vāseṭṭhā	jetzt kommt doch endlich herbei, Vāseṭṭher!

10.9 Perfekt

Imperfekt und Perfekt sind im Pāli fast vollständig durch den Aorist verdrängt worden.

Nur von einem Verb ist eine Perfektform (die jedoch oft im Sinne des Präsens gebraucht wird) in den Lehrreden öfter anzutreffen:

āha	er sagte
āhaṃsu	sie sagten

10.10 Abkürzungsformel

In den Pālitexten begegnet uns öfter die Abkürzungsformel ***pe*** – manchmal auch *pa* und *la* – (von *peyyālaṃ* Wiederholung) in der Bedeutung „wie oben" oder „und so weiter". Sie wird zur Abkürzung dort verwandt, wo ein bereits bekannter Textteil wiederholt wird. Es wird erwartet, dass der Leser sich an diese Passage erinnert und sie gedanklich dem Text hinzu fügt.

10.11 Lautangleichung (Sandhi)

Das gesprochene Pāli zeichnet sich durch ein fließendes Ineinanderübergehen der einzelnen Wörter einer Sentenz aus. Bestimmte Anfangs- und Endlaute, die dem hinderlich sind, werden „abgeschliffen", d.h. entweder weggelassen oder so verändert, dass sie sich dem als wohlklingend empfundenen Wortfluss anpassen. Gelegentlich wird zu diesem Zweck auch ein Buchstabe eingefügt. Die geschriebene Sprache folgt der gesprochenen und fügt die auf diese Weise veränderten Wörter zu neuen Wortverbindungen zusammen. Diese Erscheinung haben wir bereits an mehreren Beispielen kennen gelernt.
Einige der häufigsten so entstandenen Wortveränderungen und Wortneubildungen werden im Folgenden dargestellt.

ha + eva > *heva*
na + atthi > *natthi*
dukkhassa + antaṃ > *dukkhassantaṃ*
dāni + ime > *dānime*
tiṭṭhatu + eva > *tiṭṭhateva*
me + etaṃ > *metaṃ*
pi + āsiṃ > *pāsiṃ*
idha + upapanno > *idhūpapanno*
handa + ahaṃ > *handāhaṃ*
sace + ayaṃ > *sacāyaṃ*
vi + o > *vo*
vi + ā > *vyā*
anu + āya > *anvāya*
ti + eva > *t´eva (tveva)*
ko + asi > *kosi*
kilanto + asmi > *kilantosmi*
te + ahaṃ > *tehaṃ (tyāhaṃ)*
pi + assa > *pissa*
me + ayaṃ > *myāyaṃ*
so + ahaṃ > *svāhaṃ (sohaṃ)*

In bestimmten Fällen kann es zu einer sonst vermiedenen Kombination von langem Vokal und folgendem Doppelkonsonant kommen.

na + assa > *nāssa*
sa + atthaṃ > *sātthaṃ (satthaṃ)*
su + akkhāto > *svākkhāto*

Gelegentlich werden auch Konsonanten eingeschoben.

na + idaṃ > *nayidaṃ*
sammā + aññā > *sammadaññā* (*ā* im ersten Wortteil wird zu *a* verkürzt)
tasmā + iha > *tasmātiha*

10.12 Wörter und Übungsaufgaben

10.12.1 Wörter

kucchi (f. u. m.)	Bauch, Mutterleib
gamanaṃ	Gehen
diṭṭhigataṃ	(falsche) Ansicht
bhogo	Besitz, Gut, Reichtum
bodho (*bodhi* f.)	Erwachen, Erwachung
mātugāmo (m.!)	Frau, Weib (oft als Kollektivbegriff) im abschätzigen Sinn
vassaṃ	Regen, Regenzeit, Jahr
anukampati	hat Mitleid
āgameti	wartet
āyāti	kommt herbei, nähert sich
uggacchati	geht auf (Sonne, Mond)
ogacchati	geht unter
pīṇeti	erfreut sich, macht es sich angenehm
anukampin (Nom. m. *anukampī*)	mitfühlend, mitleidig
amakkhita	unbeschmiert, glatt
ulāra	mächtig
opanayika	emporführend, zum Ziele führend
mahassāsin (Nom.m. *mahassāsī*)	schwer atmend
vippaṭisārin (Nom. m. *vippaṭisārī*)	reuevoll
visada	klar, hell, sauber
ajja	heute
ajjhokāse (Lok. v. *ajjhokāso*)	im Freien
paccattaṃ	jeder für sich, individuell
santike (Adv.)	in Gegenwart von

10.12.2 Übungsaufgaben

1. *Nāhaṃ (= na ahaṃ) sakkomi pañca vassāni āgametuṃ* (Inf. des Kaus. von *āgacchati*).
2. *Sakkā nu kho gamanena lokassa antaṃ ñātuṃ vā daṭṭhuṃ vā pāpuṇituṃ vā?*
3. *Atha kho rājā Pasenadi bhuttāvī mahassāsī yena Bhagavā ten-upasaṅkami.*
4. *Alattha kho Bhāradvājagotto brāhmaṇo Bhagavato santike pabbajaṃ.*
5. *Tena kho pana samayena Bhagavā ajjhokāse caṅkamati.*
6. *Akālo kho ajja Bhagavantaṃ dassanāya upasaṅkamituṃ.*
7. *Sappuriso ulāre bhoge labhitvā attānaṃ sukheti pīṇeti.*
8. *Bhagavantaṃ dassanāya upasaṅkamitukāmo ahosi.*
9. *So ajānaṃ vā āha jānāmīti, jānaṃ vā āha na jānāmīti.*
10. *Yadā Bodhisatto mātu* (Gen. von *mātar*) *kucchismā nikkhamati, visado va nikkhamati amakkhito.*
11. *Candimasuriyā uggacchanti ca ogacchanti.*
12. *Sabbapāṇabhūtahitānukampī* (lies: *sabba-pāṇa-bhūta-hita-anukampī*) *viharati.*
13. *Sandiṭṭhiko ayaṃ dhammo akāliko ehipassiko opanayiko paccattaṃ veditabbo viññūhi.*
14. *Māro pāpimā Upacālaṃ bhikkhuniṃ etad avoca: kattha nu tvaṃ bhikkhuni uppajjitu-kāmā ti? Na khvāhaṃ (= kho āhaṃ) āvuso katthaci uppajjitu-kāmā ti.*
15. *Tena kho pana samayena Bakassa brahmuno evarūpaṃ pāpakaṃ diṭṭhigataṃ uppannaṃ hoti.*
16. *Gahapati datvā ca pana pacchā vippaṭisārī ahosi.*
17. *Aṭṭhānaṃ kho etaṃ, brāhmaṇa, anavakāso yaṃ asappuriso asappurisaṃ jāneyya: asappuriso ayaṃ bhavan ti.*
18. *Ayaṃ kho, Mallike, hetu, ayaṃ paccayo yena-m-idh'ekacco mātugāmo dubbaṇṇo hoti.*

19. *Cakkhunā rūpaṃ passati.*

20. *Idaṃ me khamati, idaṃ me nakkhamati.* (Das Präfix „*na-*" vor dem Verb führt zur Verlagerung der Betonung auf diese Silbe und zur Verdoppelung des folgenden Konsonanten).

21. *Buddho so Bhagavā, bodhāya dhammaṃ deseti.*

22. *Etaṃ pāpakaṃ diṭṭhi-gataṃ uppannaṃ taṃ pajaha, mā te ahosi dīgha-rattaṃ ahitāya dukkhāya.*

23. *Tass´imāni satta ratanāni ahesuṃ.*

24. *Mātāpitaro jānanti kho pana: ayaṃ amhākaṃ putto ti. So pi jānāti: ime mayhaṃ mātāpitaro.*

Lektion 11 (Pāli-Texte)

In den bisherigen Lektionen haben wir die Grundlagen der Grammatik kennengelernt. Wir verfügen auch bereits über einen Grundstock des Pāli-Vokabulars. Damit sind wir nun in der Lage, uns unmittelbar den Texten der Lehrreden zuzuwenden.

Wörter:

andhakāro	Dunkelheit
ekodhibhāvo	geistige Konzentration, Sammlung
telaṃ	Öl
pajjoto	Lampe
mūlho	Verirrter, Verwirrter
vicāro	Überlegen, Erwägen
vitakko	Denken
viveko	Abgesondertheit, Einsamkeit, Abgeschiedenheit
vūpasamo	Aufhören, Beruhigung
samatho	Ruhe,(Seelen-)Frieden
sampasādanaṃ	Beruhigung, Stillung
sampasādo	Gelöstheit, Beruhigung, Befriedung
sāvako	Schüler, Nachfolger, Jünger
ācikkhati	erzählt, berichtet, zeigt auf
ukkujjati	stellt (wieder) auf
pakāseti (Kaus.)	zeigt, verkündet
vivarati	öffnet, enthüllt
ajjhatta, ajjhattika	innerlich, persönlich
aneka	viele
abhikkanta	1. hervorragend, wunderbar, herrlich 2. fortgeschritten, vorgeschritten
upasampajja (v. *upasampajjati*)	eingetreten in
dutiyaṃ	zum zweiten Mal
nikkujjita	umgestürzt
paṭicchanna	verborgen

mūlha verirrt, verwirrt, dumm
vivicca (Abs. v. *viviccati* trennt sich) getrennt (von), losgelöst (von)
-ja (Suffix, von *janati* zeugen, gebären) geboren, entstanden

Wir beginnen mit einem Vergleich früherer Übersetzungen. Dabei wird deutlich werden, wie vielfältig die Möglichkeiten sind, den Sinn des in einer Sprache Ausgedrückten in eine andere zu übertragen, wie schwierig es aber auch ist, den Inhalt vollkommen wiederzugeben, und wie leicht es ist, das tatsächlich Gemeinte falsch zu interpretieren.

Beispiel 1

In vielen Lehrreden (z. B. MN 4) beschreibt der Buddha Voraussetzungen und Inhalt der vier Vertiefungen (Entrückungen), die den Gipfel geistiger Sammlung darstellen. Der Wortlaut für die ersten beiden lautet wie folgt:

Vivicc´ eva kāmehi, vivicca akusalehi dhammehi savitakkaṃ savicāraṃ vivekajaṃ pītisukhaṃ paṭhamaṃ jhānaṃ upasampajja vihāsiṃ; vitakkavicārānaṃ vūpasamā ajjhattaṃ sampasādanaṃ cetaso ekodhibhāvaṃ avitakkaṃ avicāraṃ samādhijaṃ pītisukhaṃ dutiyaṃ jhānaṃ upasampajja vihāsiṃ.

In der Übersetzung von Paul Dahlke liest sich das so:

„... da weilte ich, freigeworden von Lüsten, freigeworden von unguten Dingen, im Besitz der ersten Gedankenstufe, der mit Eindrücken und Erwägungen verbundenen, der Einsamkeitentstandenen, der freudvoll-beglückenden. Durch Zurruhekommen der Eindrücke und Erwägungen erlangte ich die innere Beruhigung, die geistige Einheitlichung und weilte im Besitz der zweiten Gedankenstufe, der Eindrucks- und Erwägungs-freien, der Selbstvertiefung-entstandenen, der freudvoll-beglückenden."

Karl Eugen Neumann übersetzt mit folgenden Worten:

„Gar fern von Begierden, fern von unheilsamen Dingen weilte ich da, in sinnend gedenkender ruhegeborener seliger Heiterkeit, erwirkte die Weihe der ersten Schauung. Nach Vollendung des Sinnnens und Gedenkens gewann ich die innere Meeresstille, die Einheit des Gemütes, die von Sinnen, von Gedenken freie, in der Einigung geborene selige Heiterkeit, die Weihe der zweiten Schauung."

Nyanaponika wählt diese – auf einen Mönch bezogene – Fassung:

„Da gewinnt der Mönch, ganz abgeschieden von den Sinnendingen, abgeschieden von unheilsamen Geisteszuständen, die mit Gedankenfassen und Überlegen verbundene, in der Abgeschiedenheit geborene, von Verzückung und Glücksgefühl erfüllte erste Vertiefung und verweilt in ihr. Nach Stillung von Gedankenfassen und Überlegen gewinnt er den inneren Frieden, die Einheit des Geistes, die von Gedankenfassen und Überlegen freie, in der Sammlung geborene, von Verzückung und Glücksgefühl erfüllte zweite Vertiefung und verweilt in ihr."

Fritz Schäfers Übertragung hat folgenden Wortlaut:

„Da verweilte ich, abgelöst von Sinnendingen, abgelöst von heilsuntauglichen Gedanken und Gesinnungen, bei stillem Denken und Sinnen in weltabgelöster jubelnder Seligkeit, im ersten Grad der weltlosen Entrückung. Nach Verebben auch des Denkens und Sinnens verweilte ich in innerer Gelöstheit, in der Einung des Gemüts, in dem von Sinnen und Denken freien, in der Einigung geborenen jubelnden Seligkeit, im zweiten Grad der weltlosen Entrückung."

Zumwinkel formuliert so:

„Ganz abgeschieden von Sinnesvergnügen, abgeschieden von unheilsamen Geisteszuständen, trat ich in die erste Vertiefung ein, die von anfänglicher und anhaltender Hinwendung des Geistes begleitet ist, und verweilte darin, mit Verzückung und Glückseligkeit, die aus der Abgeschiedenheit entstanden sind. Mit der Stillung der anfänglichen und anhaltenden Hinwendung des Geistes trat ich in die zweite Vertiefung ein, die innere Beruhigung und Einheit des Herzens ohne anfängliche und anhaltende Hinwendung des Geistes enthält, und verweilte darin, mit Verzückung und Glückseligkeit, die aus der Konzentration entstanden sind."
Hier fällt auf, dass *savitakkaṃ* und *savicaraṃ* nicht übertragen wurden. Die Wendung „anfängliche und anhaltende Hinwendung des Geistes" (zum Meditationsobjekt – wie in einer Anmerkung ausgeführt) ist eine Interpretation, keine Übersetzung.

Beispiel 2

Eine ebenfalls häufige Formulierung in den Lehrreden (z. B. MN 89) ist die Beschreibung der drei „Kleinodien": Buddha, Dhamma, Sangha.

Sammāsambuddho Bhagavā, svākkhāto (= *su-akkhāto*)
Bhagavatā dhammo, supaṭipanno Bhagavato sāvakasangho ti.

Paul Dahlke übersetzt mit: „Das ist der Vollerwachte, der Erhabene, wohl dargelegt ist vom Erhabenen die Lehre, gut im Wandel ist des Erhabenen Schülergemeinde."

Karl Eugen Neumanns Formulierung lautet: „Vollkommen erwacht ist der Erhabene, wohlkundgetan vom Erhabenen die Satzung, wohlvertraut des Erhabenen Jüngerschaft."

Nyanaponika übersetzt: „Dies ist der Erhabene, der vollkommen Erwachte; wohl verkündet ist vom Erhabenen die Lehre; gut wandelt die Jüngergemeinde des Erhabenen."

In Zumwinkels Fassung liest es sich so: „Der Erhabene ist vollständig erleuchtet, das Dhamma ist vom Erhabenen wohl verkündet, die Sangha der Schüler des Erhabenen praktiziert gut."

Die ersten drei Versionen unterscheiden sich dem Sinn nach kaum. Allenfalls könnte man die Wendung „wohlvertraut" bei Neumann als mit dem Pāli-Ausdruck *paṭipanno* (PP. von *paṭipajjati* etwas betreiben, etwas verfolgen, sich mit etwas beschäftigen) nicht ganz kongruent ansehen. Dass das Wort von allen Übersetzern im Deutschen mit einer Präsensform wiedergeben wird, ist sprachlich gesehen nicht zu beanstanden (vgl. 1.2) und gibt auch das Gemeinte richtig wieder, denn die so charakterisierte Gemeinde aller Nachfolger des Buddha besteht nicht aus Erlösten, die den Weg zur Befreiung bereits abgeschlossen haben, sondern aus sich noch Übenden.

Dass Zumwinkel[15] zwei Pāliworte nicht ins Deutsche überträgt, wäre nicht zu beanstanden, wenn er die richtige Genusbezeichnung verwendet hätte (vgl. das in der Einleitung und zu Fußnote 3 Gesagte). Der Ausdruck „erleuchtet" entspricht einem aus dem Englischen kommenden verbreiteten Sprachgebrauch („enlightened"), ist jedoch mit „*buddha*" (der Erwachte, bzw. erwacht) nicht identisch. Das Wort „praktizieren" könnte in dem hier vorhandenen Zusammenhang zu Missverständnissen führen. Von einem Teil der am Buddhismus Interessierten wird es als Gegenbegriff zum Kenntniserwerb der Lehre verstanden und mit „meditieren" gleichgesetzt, so dass der Ausspruch dahin verstanden werden könnte, dass es Aufgabe der Nachfolger sei, sich hauptsächlich der Meditation

[15] Die kritischen Bemerkungen zu einzelnen Stellen dürfen nicht als Gesamtbeurteilung seiner Übertragung der Mittleren Sammlung verstanden werden, die im Übrigen äußerst genau und sehr sorgfältig ist.

zu widmen. Das wäre jedoch offensichtlich falsch. Abgesehen davon, dass MN 89 das Verhalten aller Nachfolger des Buddha (*sāvaka-sangho* im Gegensatz zum an anderer Stelle erwähnten *bhikkhu-sangho*) meint, also auch der im Hause lebenden Anhänger, denen der Buddha die speziellen *samatha*- und *vipassanā*- Übungen nicht nahegelegt hat, würde dies auch zu einem unrichtigen Verständnis der mönchischen Übungen führen. Der Aufgaben- und Übungsbereich der Mönche wird allein in der Mittleren und Längeren Sammlung der Lehrreden über ein Dutzend Mal mit annähernd gleichem Text geschildert (vgl. z. B. MN 107). Darin nehmen die Satipaṭṭhāna-Übungen („meditieren") nur den kleinsten Teil ein.

Zum Abschluss dieser Lektion wollen wir versuchen, mit eigenen Worten eine häufig am Schluss der Lehrreden stehende kurze Wendung zu übersetzen, die von vielen Menschen ausgesprochen wurde, die durch eine Lehrdarlegung des Erhabenen zu seinen Anhängern wurden.

Der Text (z. B. in MN 91) lautet:

Abhikkantaṃ bho Gotama, abhikkantaṃ bho Gotama. Seyyathāpi bho Gotama nikujjitaṃ vā ukkujjeyya paṭicchannaṃ vā vivareyya mūḷhassa vā maggaṃ ācikkheyya andhakāre vā telapajjotaṃ dhāreyya: cakkhumanto rūpāni dakkhintīti – evam evam bhotā Gotamena anekapariyāyena dhammo pakāsito.

Lektion 12

Das Lesestück, das wir in dieser Lektion übersetzen wollen, ist der 125. Lehrrede der Mittleren Sammlung entnommen.

Wörter:

araññaṃ	Wald, Wildnis
assāso	Einatmung
ākāro	Eigenschaft, Kennzeichen
ekaggatā	Konzentration, Einspitzigkeit (des Geistes)
kathāsallāpo	Gespräch, Unterhaltung
kalandako	Eichhörnchen
kilamatho	Ermüdung, Müdigkeit
khandho	Haufen, Menge
kuṭī(kā) (f.)	Hütte
jaṅghāvihāro	Spaziergang, Wanderung
nivāpo	Futter
nekkhammaṃ	Entsagung
pabbato	Berg
pariyesanā	Suche
pariḷāho	Brennen, Leid
pokkharaṇī (f.)	Lotusteich
pādo	Fuß
bāhā	Arm
bhūmi (f.)	Erde, Land
muhuttaṃ	Moment, kurze Zeit
vanaṃ	Wald
vihesā	Belästigung, Ärger
veḷu (m.)	Bambus
samaṇuddeso	Novize, junger Asket
samma (Anredeform)	mein Freund! mein Lieber!
anucaṅkamati	geht, folgt
assāsetvā (Abs. Kaus.)	ausgeruht (wtl. geatmet) haben lassend

anuvicarati	wandert umher
āroceti	erzählt, teilt mit
āropeti (Kaus.)	lässt hinaufgehen
ārohati	besteigt, steigt hinauf
orohati	steigt herab

ñassati = *jānissati*
(entsprechend: *ñatvā* und *ñātabbaṃ*)
khajjati (Pass. v. *khādati*) wird gegessen, verzehrt
gahetvā (Abs. v. *gaṇhati*) ergriffen habend
nādassaṃ (= *na addasaṃ* Aor. 1. Pers. Sing. v. *dassati*)

paṭipucchati	befragt, fragt zurück
paṭibhāti	leuchtet auf, fällt ein (im Geiste), wird offenbar
paṭibhāsati	antwortet
pavedeti	zeigt, verkündet
pasīdati	wird zufrieden, stimmt bei
phusati	berührt, erreicht
vītisāreti	tauscht (Grüße, Gedanken) aus
sacchikaroti	sieht selbst ein, erkennt selbst
sammodati	grüßt
acchariya	wunderbar, überraschend, erstaunlich
anacchariya	nicht überraschend, nicht verwunderlich; natürlich, selbstverständlich (CPD)
anavakāsa	unmöglich
appamatta	aufmerksam
avidūra	nicht fern
ātāpin (Nom. m. *ātāpī*)	eifrig, unermüdlich
āvaṭa (āvata)	gehindert
ussuka	eifrig
ovuṭa (ovuta)	zurückgehalten, gehindert
nivuṭa (nivuta)	gehemmt
patta (PP. v. *pāpuṇatī*)	erreicht, erlangt
pariyatta	begriffen, aufgefasst
pahitatta	entschlossen, hingegeben
paridayhamāna	sich umgeben habend
pariyonaddha	eingeschlossen
pasanna	vertraut, im Vertrauen auf

majjha	(der/die/das) mittlere
yāvataka (Adj.)	so viel, so weit wie; genau so
rāmaṇeyyaka	angenehm, lieblich
sammodanīya	angenehm, erfreulich
sārāṇīya	höflich
ato	darüber hinaus, noch mehr
aṭṭhānaṃ (vijjati)	unmöglich (ist es)
appeva nāma	vielleicht doch
uttariṃ	weiter, höher
upariṃ	auf, oben
kuto	woher, weshalb, wie doch
carahi	dann, denn, daher
yathāsake	jeder nach seinem eigenen (Verständnis, Glauben)
vata (Ausruf)	(auch in der Bedeutung:) ach! wie doch!
labbhā (Adv.)	möglich
hatthavilaṅghakena (I.)	Hand in Hand
heṭṭhā	unten, darunter

Evam me sutaṃ. Ekaṃ samayaṃ Bhagavā Rājagahe viharati Veḷuvane Kalandakanivāpe. Tena kho pana samayena Aciravato samaṇuddeso araññakuṭikāyaṃ viharati. Atha kho Jayaseno rājakumāro jaṅghāvihāraṃ anucaṅkamamāno anuvicaramāno yena Aciravato samaṇuddeso ten´ upasaṅkami, upasaṅkamitvā Aciravatena samaṇuddesena saddhiṃ sammodi, sammodanīyaṃ kathaṃ sārāṇīyaṃ vītisāretvā ekamantaṃ nisīdi. Ekamantaṃ nisinno kho Jayaseno rājakumāro Aciravataṃ samaṇuddesaṃ etad avoca: „Sutaṃ me tam, bho Aggivessana: Idha bhikkhu appamatto ātāpī pahitatto viharanto phuseyya cittassa ekaggatan ti."

„Evam etaṃ, rājakumāra, evam etaṃ, rājakumāra. Idha bhikkhu appamatto ātāpī pahitatto viharanto phuseyya cittassa ekaggatan ti."

„Sādhu me bhavaṃ Aggivessano yathāsutaṃ yathāpariyattaṃ dhammaṃ desetūti."

„Na kho te ahaṃ, rājakumāra, sakkomi yathāsutaṃ yathāpariyattaṃ dhammaṃ desetuṃ. Ahañ carahi te, rājakumāra, yathāsutaṃ yathāpariyattaṃ dhammaṃ deseyyaṃ, tvañ ca me bhāsitassa atthaṃ na ājāneyyāsi. So mam´ assa kilamatho, sā mam´assa vihesāti."

„Desetu maṃ bhavaṃ Aggivessano yathāsutaṃ yathāpariyattaṃ dhammaṃ. Appeva nām´ aham bhoto Aggivessanassa bhāsitassa atthaṃ ājāneyyan ti."

„Deseyyaṃ kho te ahaṃ, rājakumāra, yathāsutaṃ yathāpariyattaṃ dhammaṃ. Sace me tvaṃ bhāsitassa atthaṃ ājāneyyāsi icc´ (= iti) etaṃ kusalaṃ; no ce me tvaṃ bhāsitassa atthaṃ ājāneyyāsi, yathāsake tiṭṭheyyāsi; na maṃ tattha uttariṃ paṭipuccheyyāsīti."

„Desetu maṃ bhavaṃ Aggivessano yathāsutaṃ yathāpariyattaṃ dhammaṃ. Sace ahaṃ bhoto Aggivessanassa bhāsitassa atthaṃ ājānissāmi, icc´etaṃ kusalaṃ; no ce ahaṃ bhoto Aggivessanassa bhāsitassa atthaṃ ājānissāmi, yathāsake tiṭṭhissāmi; nāhaṃ tattha bhavantaṃ Aggivessanaṃ uttariṃ paṭipucchissāmīti."

Atha kho Aciravato samaṇuddeso Jayasenassa rājakumārassa yathāsutaṃ yathāpariyattaṃ dhammaṃ desesi. Evaṃ vutte Jayaseno rājakumāro Aciravataṃ samaṇuddesaṃ etad avoca: „Aṭṭhānaṃ etaṃ, bho Aggivessana, anavakāso yaṃ bhikkhu appamatto ātāpī pahitatto viharanto phuseyya cittassa ekaggatan ti." Atha kho Jayaseno rājakumāro Aciravatassa samaṇuddesassa aṭṭhānañ ca anavakāsañ ca pavedetvā uṭṭhay´ āsanā pakkāmi.

Atha kho Aciravato samaṇuddeso acirapakkante Jayasene rājakumāre, yena Bhagavā ten´ upasaṅkami, upasaṅkamitvā Bhagavantaṃ abhivādetvā ekamantaṃ nisīdi. Ekamantaṃ nisinno kho Aciravato samaṇuddeso yāvatako ahosi Jayasenena rājakumārena saddhiṃ kathāsallāpo taṃ sabbaṃ Bhagavato ārocesi. Evaṃ vutte Bhagavā Aciravataṃ samaṇuddesaṃ etad avoca: „Taṃ kut´ (= kuto) ettha Aggivessana, labbhā? Yan taṃ nekkhammena ñātabbaṃ, nekkhammena daṭṭhabbaṃ, nekkhammena pattabbaṃ, nekkhammena sacchikātabbaṃ, taṃ vata Jayaseno rājakumāro kāmamajjhe vasanto kāme paribhuñjanto kāmavitakkehi khajjamāno kāmapariḷāhena pariḍayhamāno kāmapariyesanāya ussukko ñassati vā dakkhati vā sacchi vā karissatīti n´etaṃ ṭhānaṃ vijjati.“

Der Erwachte bringt nun zwei Gleichnisse, die anschaulich machen, warum einem Menschen, der nur Interesse für die oberflächlichen Dinge des weltlichen Lebens hat, die Geisteseinigung und der Einblick in tiefere Wahrheiten versagt bleiben muss. Wir setzen die Rede mit der Schilderung des zweiten Gleichnisses fort.

„Seyyathāpi, Aggivessana, gāmassa vā nigamassa vā avidūre mahā pabbato: tam enaṃ dve sahāyakā tamhā gāmā vā nigamā vā nikkhamitvā hatthavilaṅghakena yena so pabbato ten´ upasaṅkameyyuṃ, upasaṅkamitvā eko sahāyako heṭṭhāpabbatapāde tiṭṭheyya eko sahāyako uparipabbataṃ āroheyya; tam enaṃ heṭṭhāpabbatapāde ṭhito sahāyako uparipabbate ṭhitaṃ sahāyakaṃ evaṃ vadeyya: Yaṃ, samma, kiṃ tvaṃ passasi uparipabbate ṭhito? So evaṃ vadeyya: Passāmi kho ahaṃ, samma, uparipabbate ṭhito ārāmarāmaṇeyyakaṃ vanarāmaṇeyyakaṃ bhūmirāmaṇeyyakaṃ pokkharaṇirāmaṇeyyakan ti. So evaṃ vadeyya: Aṭhānaṃ kho etaṃ, samma, anavakāso yaṃ tvaṃ uparipabbate ṭhito passeyyāsi ārāmarāmaṇeyyakaṃ vanarāmaṇeyyakaṃ bhūmirāmaṇeyyakaṃ pokkharaṇirāmaṇeyyakan ti. Tam enaṃ uparipabbate ṭhito sahāyako heṭṭhāpabbatapādaṃ orohitvā taṃ sahāyakaṃ bāhāya gahetvā uparipabbataṃ āropetvā muhuttaṃ assāsetvā evaṃ vadeyya: Yaṃ, samma, kiṃ tvaṃ passasi uparipabbate ṭhito ti? So evaṃ vadeyya: Passāmi kho ahaṃ, samma, uparipabbate ṭhito ārāmarāmaṇeyyakaṃ vanarāmaṇeyyakaṃ bhūmirāmaṇeyyakaṃ pokkharaṇirāmaṇeyyakan ti. So evaṃ vadeyya: Idān´eva kho te, samma, bhāsitaṃ mayaṃ evaṃ ājānāma: Aṭṭhānaṃ kho etaṃ, samma, anavakāso yaṃ tvaṃ uparipabbate ṭhito passeyyāsi ārāmarāmaṇeyyakaṃ ... pe ... pokkharaṇirāmaṇeyyakan ti. Idān´ eva ca pana te bhāsitaṃ mayaṃ evaṃ ājānāma:

Passāmi kho ahaṃ, samma, uparipabbate ṭhito ārāmarāmaṇeyyakaṃ ... pe ... pokkharaṇirāmaṇeyyakan ti. So evaṃ vadeyya: Tathā hi panāhaṃ, samma, iminā mahatā pabbatena āvaṭo daṭṭheyyaṃ nāddasan ti.

Evam eva kho ato mahantatarena kho, Aggivessana, avijjākhandhena Jayaseno rājakumāro āvaṭo nivuṭo ovuṭo pariyonaddho. So vata yan taṃ nekkhammena ñātabbaṃ nekkhamena daṭṭhabbaṃ nekkhammena pattabbaṃ nekkhammena sacchikātabbaṃ, taṃ vata Jayaseno rājakumāro kāmamajjhe vasanto kāmeparibhuñjanto kāmavittakehi khajjamāno kāmapariḷāhena pariḍayhamāno kāmapariyesanāya ussuko ñassati vā dakkhati vā sacchi vā karissatīti n´etaṃ ṭhānaṃ vijjati.

Sace kho taṃ, Aggivessana, Jayasenassa rājakumārassa ime dve upamā paṭibhāseyyuṃ, anacchariyaṃ te Jayaseno rājakumāro pasīdeyya pasanno ca te pasannākāraṃ kareyyāti.“

„Kuto pana maṃ, bhante, Jayasenassa rājakumārassa imā dve upamā paṭibhāsissanti anacchariyā pubbe assutapubbā seyyathāpi Bhagavantan ti?“

Lektion 13

Es folgen zwei Lehrreden aus dem Aṅguttara-Nikāya.

Wörter:

kammakkhayo	Aufhebung, Vernichtung der Kamma-folgen
cetanā	Absicht, Wille, Willensrichtung
pahānaṃ	Aufgeben, Vernichten, Meiden
phasso	Berührung
saṅkhāro	Bestandteil; Gestaltung, Aktivität; Daseinsfaktor, Element
Subhakiṇha	„Schönheitsversunkene" (Name der 3. Stufe der Götter der Reinen Form)
anumodati	freut sich
abhinandati	freut sich, ist zufrieden
abhivaḍḍhati	nimmt zu
abhisaṅkharoti	begeht (Handlung)
muta	(PP. von *munāti* denken) wahrgenommen
sacchikatvā (Abs. v. *sacchikaroti*)	selbst gesehen, erkannt, erfahren habend
ekanta	äußerst
kaṇha	dunkel, schwarz
nerayika	höllisch
vādin (Nom. m. *vādī*)	(Theorie) vertretend
vyāpajjha	belastend, verletzend, schädigend
sukka	hell
tato	von da, deshalb

1. In der ersten Rede (AN IV 183) begehrt der Brahmane Magadhamahāmatto vom Erwachten die Bestätigung seiner folgenden Ansicht.

Ahaṃ hi bho Gotama evaṃ-vādī evaṃ-diṭṭhī: yo koci diṭṭhaṃ bhāsati evaṃ me diṭṭhan ti n´ atthi tato doso, yo koci sutaṃ bhāsati evaṃ me sutan ti n´ atthi tato doso yo koci mutaṃ bhāsati evaṃ me mutan ti n´ atthi tato doso, yo koci viññātaṃ bhāsati evaṃ me viññātan ti n´ atthi tato doso ti.

Nāhaṃ brāhmaṇa sabbaṃ diṭṭhaṃ bhāsitabban ti vadāmi, na panāhaṃ brāhmaṇa sabbaṃ diṭṭhaṃ na bhāsitabban ti vadāmi. Nāhaṃ brāhmaṇa sabbaṃ sutaṃ bhāsitabban ti vadāmi, na panāhaṃ brāhmaṇa sabbaṃ sutaṃ na bhāsitabban ti vadāmi. Nāhaṃ brāhmaṇa sabbaṃ mutaṃ bhāsitabban ti vadāmi, na panāhaṃ brāhmaṇa sabbaṃ mutaṃ na bhāsitabban ti vadāmi. Nāhaṃ brāhmaṇa sabbaṃ viññātam bhāsitabban ti vadāmi na panāhaṃ brāhmaṇa sabbaṃ viññātaṃ na bhāsitabban ti vadāmi.

Yaṃ hi brāhmaṇa diṭṭhaṃ bhāsato akusalā dhammā abhivaḍḍhanti kusalā dhammā parihāyanti evarūpaṃ diṭṭhaṃ na bhāsitabban ti vadāmi. Yañ ca khvassa (= *yaṃ ca kho assa*) *brāhmaṇa diṭṭhaṃ bhāsato akusalā dhammā parihāyanti kusalā dhammā abhivaḍḍhanti evarūpaṃ diṭṭhaṃ bhāsitabban ti vadāmi. Yaṃ hi brāhmaṇa sutaṃ bhāsato ... pe ... mutaṃ bhāsato ... pe ... vadāmi. Yaṃ hi brāhmaṇa viññātaṃ bhāsato akusalā dhammā abhivaḍḍhanti kusalā dhammā parihāyanti evarūpaṃ viññātaṃ na bhāsitabban ti vadāmi, yañ ca khvassa brāhmaṇa viññātaṃ bhāsato akusalā dhammā parihāyanti kusalā dhammā abhivaḍḍhanti evarūpaṃ viññātaṃ bhāsitabban ti vadāmi.*

2. In dieser Lehrrede (AN IV 232) spricht der Erwachte von den vier Arten des Wirkens.

Atthi bhikkhave kammaṃ kaṇhaṃ kaṇhavipākaṃ, atthi bhikkhave kammaṃ sukkaṃ sukkavipākaṃ, atthi bhikkhave kammaṃ kaṇhasukkaṃ kaṇhasukkavipākaṃ, atthi bhikkhave kammaṃ akaṇhamasukkaṃ akaṇha-asukkavipākaṃ kammaṃ kammakkhayāya saṃvattati.

Katamañ ca bhikkhave kammaṃ kaṇhaṃ kaṇhavipākaṃ?

Idha bhikkhave ekacco savyāpajjhaṃ („*sa*" – vgl. 7.6.) *kāyasaṅkhāraṃ abhisaṅkharoti savyāpajjhaṃ vācisaṅkhāraṃ abhisaṅkharoti savyāpajjhaṃ manosaṅkhāraṃ abhisaṅkharoti. So savyāpajjhaṃ kāyasaṅkhāraṃ abhisaṅkharitvā savyāpajjhaṃ vācisaṅkhāraṃ abhisaṅkharitvā savyāpajjhaṃ manosaṅkhāraṃ abhisaṅkharitvā savyāpajjhaṃ lokaṃ uppajjati. Tam enaṃ savyāpajjhaṃ lokaṃ uppannaṃ samānaṃ savyāpajjhā phassā phusanti. So savyāpajjhehi phassehi phuṭṭho samāno savyāpajjhaṃ vedanaṃ vediyati ekantadukkhaṃ seyyathāpi sattā nerayikā. Idaṃ vuccati bhikkhave kammaṃ kaṇhaṃ kaṇhavipākaṃ.*

Katamañ ca bhikkhave kammaṃ sukkaṃ sukkavipākaṃ?

Idha bhikkhave ekacco avyāpajjhaṃ kāyasaṅkhāraṃ abhisaṅkharoti ... pe ... avyāpajjhaṃ manosaṅkhāraṃ abhisaṅkharoti. So avyāpajjhaṃ kāyasaṅkhāraṃ abhisaṅkharitvā ... pe ... manosaṅkhāraṃ abhisaṅkharitvā avyāpajjhaṃ lokaṃ uppajjati. Tam enaṃ avyāpajjhaṃ lokaṃ uppannaṃ samānaṃ avyāpajjhā phassā phusanti. So avyāpajjhehi phassehi phuṭṭho samāno avyāpajjham vedanaṃ vediyati ekantasukhaṃ seyyathāpi devā Subhakiṇhā.

Idaṃ vuccati bhikkhave kammaṃ sukkaṃ sukkavipākaṃ.

Nun folgt die Erklärung des gemischten (dunkel-hellen) Verhaltens mit entsprechenden gemischten (dunkel-hellen) Folgen. Und schließlich legt der Erwachte die vierte Art des Handelns dar:

Katamañ ca bhikkhave kammaṃ akaṇhamasukkaṃ akaṇha-asukkavipākaṃ kammaṃ kammakkhayāya saṃvattati?

Tatra bhikkhave yaṃ idaṃ kammaṃ kaṇhaṃ kaṇhavipākaṃ tassa pahānāya yā cetanā, yam p´idaṃ kammaṃ sukkaṃ sukkavipākaṃ tassa pahānāya yā cetanā, yam p´idaṃ kammaṃ kaṇhasukkaṃ kaṇhasukkavipākaṃ tassa pahānāya yā cetanā idaṃ vuccati bhikkave kammaṃ akaṇhamasukkaṃ akaṇha-

asukkavipākaṃ kammaṃ kamakkhayāya saṃvattati. Imāni kho bhikkave cattāri kammāni mayā sayaṃ abhiññā (= *abhiññāya* Abs. v. *abhijānāti*) *sacchikatvā paveditānīti.*

Lektion 14

Diese Lektion enthält einen Auszug aus der 146. Lehrrede der Mittleren Sammlung sowie eine Passage aus dem Saṃyutta-Nikāya (SN 2, 26).

Wörter:

accī (acci) (f.)	Flamme
antakiriyā	Beendigung, Erlösung
ayyo	Herr! (als Anrede)
ābhā	Glanz
āyatanaṃ	Gebiet, Bereich
ariyasāvako	edler Jünger (der die Lehre kennt)
ovādo	Belehrung
kaḷevaro	Körper
telap(p)adīyo	Öllampe
dhammikathā	lehrreiches Gespräch
paṭipadā	Weg, Pfad, Vorgehensweise
paṭipucchakathā	Gespräch, Unterhaltung
pariyāyo	auch: Reihe, Reihenfolge
bhaginī	Schwester
vaṭṭī (vatti) (f.)	Docht
vipariṇāmo	Veränderung
vimati (f.)	Unsicherheit
vyāmo	(Längenmaß) Klafter
saññimhi (Lok.)	mit Wahrnehmung (*saññā*) ausgestattet
samanake (Lok.)	mit Geist (*manas*) versehen
anusāsati	unterweist, unterrichtet
ādāya (Abs. v. *ādāti* nimmt weg, ergreift)	weggenommen, mitgenommen, ergriffen habend
obhāseti	erhellt
cavati	schwindet dahin, stirbt
jāyati (Pass. v. *janati*)	wird geboren, entsteht
jhāyati	brennt

jīyati	wird alt, schwach
disvā(na) (Abs. v. *dassati*)	gesehen habend
paññāpeti (Kaus. v. *pajānāti*)	erklärt, zeigt, stellt bereit
pavāreti	lädt ein, gestattet
pāpuṇāti (PP. *patta*, Abs. *patvā*)	erreicht, erlangt
mīyati	stirbt
samanupassati	sieht an, erblickt
attadutiya	begleitet, in Begleitung
attamana	erfreut
abhiraddha	beglückt
kevala, kevalakappa	vollständig
kalla	gesund, passend, richtig
gāmin	gehend, hinführend
dhuva	fest, beständig
nicca	ewig
sassata	unveränderlich, ewig
iti (iti pi)	so, nämlich
api kho	denn, dennoch
ettaka	so viel; sehr
no h´etaṃ (= *na hi etaṃ*)	dies deshalb nicht
pageva	um so mehr, um so weniger, nicht zu reden von ...
pacchhābhattaṃ	nach dem Essen

1. *Evam me sutaṃ. Ekaṃ samayaṃ Bhagavā Sāvatthiyaṃ viharati Jetavane Anāthapiṇḍikassa ārāme. Atha kho Mahāpajāpatī Gotamī pañcamattehi bhikkhunīsatehi* (vgl. 10.1.1 a.E.) *saddhiṃ yena Bhagavā ten´ upasaṅkami upasaṅkamitvā Bhagavantaṃ abhivādetvā ekamantaṃ aṭṭhāsi. Ekamantaṃ ṭhitā kho Mahāpajāpatī Gotamī Bhagavantaṃ etad avoca: „Ovadatu, bhante, Bhagavā bhikkhuniyo, anusāsatu, bhante, Bhagavā bhikkuniyo, karotu, bhante, Bhagavā bhikkhunīnaṃ dhammikathan ti.“*

Tena kho pana samayena therā bhikkhū bhikkuniyo ovadanti pariyāyena; āyasmā pana Nandako na icchati bhikkhuniyo ovadituṃ pariyāyena. Atha kho Bhagavā āyasmantaṃ

Ānandaṃ āmantesi: „Kassa nu kho, Ānanda, ajja pariyāyo bhikkhuniyo ovadituṃ pariyāyenāti?" – „Nandakassa, bhante, pariyāyo bhikkhuniyo ovadituṃ pariyāyena; ayaṃ, bhante, āyasmā Nandako na icchati bhikkhuniyo ovadituṃ pariyāyenāti."

Atha kho Bhagavā āyasmantaṃ Nandakaṃ āmantesi: „Ovada, Nandaka, bhikkhuniyo, anusāsa, Nandaka, bhikkhuniyo, karohi tvaṃ, brāhmaṇa, bhikkhunīnaṃ dhammikathan ti." – „Evam bhante ti" kho so āyasmā Nandako Bhagavato paṭissutvā pubbaṇhasamayaṃ nivāsetvā pattacīvaraṃ ādāya Sāvatthim piṇḍāya pāvisi. Sāvatthiyaṃ piṇḍāya caritvā pacchābhattaṃ piṇḍapātapaṭikkanto attadutiyo yena Rājakārāmo ten´ upasaṅkami. Addasāsuṃ kho tā bhikkhuniyo āyasmantaṃ Nandakaṃ dūrato va āgacchantaṃ, disvāna āsanaṃ paññāpesum udakañ ca pādānaṃ upaṭhapesuṃ. Nisīdi kho āyasmā Nandako paññatte āsane, nisajja pāde pakkhālesi. Tā pi kho bhikkhuniyo āyasmantaṃ Nandakaṃ abhivādetvā ekamantaṃ nisīdiṃsu. Ekamantaṃ nisinnā kho tā bhikkhuniyo āyasmā Nandako etad avoca: „Paṭipucchakathā kho, bhaginiyo, bhavissati. Tattha ājānantīti ājānāmāti ´ssa vacanīyaṃ; na ājānantīti na ājānāmāti ´ssa vacanīyaṃ. Yassā vā pan´ assa kaṅkhā vā vimati vā, aham eva tattha paṭipucchitabbo: idaṃ, bhante, kathaṃ imassa kvattho (= ko attho) ti."

„Ettakena pi mayaṃ, bhante, ayyassa Nandakassa attamanā abhiraddhā yan no ayyo Nandako pavāretīti."

„Taṃ kiṃ maññatha, bhaginiyo? Cakkhuṃ niccaṃ vā aniccaṃ vā ti?" – „ Aniccaṃ, bhante."

„ Yaṃ panāniccaṃ, dukkhaṃ vā taṃ sukhaṃ vā ti?"

„Dukkhaṃ, bhante."

„ Yaṃ panāniccaṃ dukkhaṃ vipariṇāmadhammaṃ, kallan nu taṃ samanupassituṃ: Etaṃ mama, eso ´ham asmi, so me attā ti?" – „No h´ etaṃ, bhante." (= *na hi etaṃ*)

„Taṃ kiṃ maññatha, bhaginiyo? Sotaṃ ... pe ... Ghānaṃ ... pe ... Jivhā ... pe ... Kāyo ... pe ... Mano nicco vā anicco vā ti?" „Anicco, bhante." – „ Yaṃ panāniccaṃ dukkhaṃ vā taṃ sukhaṃ vā ti?"

„Dukkhaṃ, bhante." – „Yaṃ panāniccaṃ dukkhaṃ vipariṇāmadhammaṃ kallan nu taṃ samanupassituṃ: Etaṃ mama, eso 'ham asmi, so me attā ti?"

„No h´etaṃ, bhante."

„Taṃ kissa hetu?"

„Pubbe va no h´etaṃ, bhante, yathābhūtaṃ samappaññāya suditthaṃ: Iti p´ime cha ajjhattikā āyatanā aniccā ti."

„Sādhu, sādhu, bhaginiyo; evaṃ h´etaṃ, bhaginiyo, hoti ariyasāvakassa yathābhūtaṃ sammappaññāya passato."

Die gleichen Fragen und Antworten werden nun hinsichtlich der sechs „Außengebiete" gestellt und gegeben: *Rūpā, Saddā, Gandhā, Rasā, Phoṭṭhabbā, Dhammā* (Formen, Töne, Gerüche, Geschmäcke, Tastbares und Denkbares). Dann folgt ein Gleichnis, mit dem wir diesen Auszug der Lehrrede abschließen.

„Seyyathāpi, bhaginiyo, telappadīpassa jhāyato telaṃ pi aniccaṃ vipariṇāmadhammaṃ vaṭṭī pi aniccā vipariṇāmadhammā accī pi aniccā vipariṇāmadhammā ābhā pi aniccā vipariṇāmadhammā; yo nu kho, bhaginiyo, evaṃ vadeyya: Amussa telappadīpassa jhāyato telaṃ pi aniccaṃ vipariṇāmadhammaṃ vaṭṭī pi aniccā vipariṇāmadhammā accī pi aniccā vipariṇādhammā, yā ca khvāssa (= *kho assa*, Dat. v. *ayaṃ* s. 6.2.6*) ābhā sā* (*yā ... sā*, vgl. 6.3) *niccā dhuvā sassatā avipariṇāmadhammā ti – sammā nu kho so, bhaginiyo, vadamāno vadeyyāti?" – „No h´etaṃ, bhante."*

„Taṃ kissa hetu?" – „ Amussa hi, bhante, telappadīpassa jhāyato telaṃ pi aniccaṃ vipariṇāmadhammaṃ vaṭṭī pi aniccā vipariṇāmadhammā accī pi aniccā vipariṇāmadhammā, pagev´ assa ābhā aniccā vipariṇāmadhammā ti."

2. *Evaṃ me sutaṃ. Ekaṃ samayaṃ Bhagavā Sāvatthiyaṃ viharati Jetavane Anāthapiṇḍikassa ārāme. Atha kho Rohitasso devaputto abhikkantāya rattiyā abhikkantavaṇṇo kevalakappaṃ Jetavanaṃ obhāsetvā yena Bhagavā ten´upasaṅkami,*

upasaṅkamitvā Bhagavantaṃ abhivādetvā ekaṃ antam aṭṭhāsi. Ekam antaṃ ṭhito kho Rohitasso devaputto Bhagavantaṃ etad avoca: „Yattha nu kho, bhante, na jāyati, na jīyati, na mīyati, na cavati, na uppajjati? Sakkā nu kho no, bhante, gamanena lokassa antaṃ ñātuṃ vā daṭṭhuṃ vā pāpuṇituṃ vā ti?"

„Yatthā kho, āvuso, na jāyati, na jīyati, na mīyati, na cavati, na uppajjati nāhaṃ taṃ gamanena lokassa antaṃ ñāteyyaṃ daṭṭheyyaṃ patteyyan-ti vadāmīti."

Diese Antwort ergänzt der Erwachte im weiteren Verlauf des Gesprächs wie folgt:

„Na kho panāhaṃ, āvuso, appatvā lokassa antaṃ dukkhassa antakiriyaṃ vadāmi. Api khvāham, āvuso, imasmiññeva (= *imasmiṃ eva*) *vyāmamatte kaḷevare saññimhi samanake lokaṃ ca paññāpemi lokasamudayaṃ ca lokanirodhaṃ ca lokanirodhagāminiṃ ca paṭipadan-ti."*

(Diese Lehrrede findet sich auch in AN IV, 45).

Lektion 15

In dieser letzten Lektion bringen wir zwei Auszüge aus der „Großen Lehrrede vom Erlöschen“ (DN 16).

Wörter:

ambavanaṃ	Mangohain
aññā	Wissen, (höchste) Kenntnis
ācariya-pācariyo	Lehrer des Lehrers (Vorgänger, von dem der jetzige Lehrer sein Wissen erhalten hat)
avasiṭṭha	übrig
upasampadā	Ordensweihe
okāso	Gelegenheit
kammāro	Schmied
khādanīyaṃ (*khādaniyaṃ*)	feste (zu kauende) Nahrung
pajā	Menschheit
padakkhinaṃ karoti	geht rechts herum (Ehrenbezeugung bei Begrüßung und/oder Abschied)
pabbajjā	Auszug aus dem weltlichen Leben, Eintritt in den Mönchsorden
pariṇāmo	Verdauung
pariyosānaṃ	Vollendung
bhojanīyaṃ (bhojaniyaṃ)	weiche Nahrung
yāmo	dreistündiger Abschnitt der Nachtwache
lohita-pakkhandikā	blutiger Durchfall
sakkhi (m.)	Augenzeuge, persönlich Anwesender
sālo	eine Baumart
sūkara-maddavaṃ	„Eberspeise“ (str. ob Trüffelgericht oder Schweinefleisch)
sobbhaṃ	Grube
adhivāseti	stimmt zu, erträgt geduldig

ārocāpeti (Kaus.II)	lässt mitteilen
abhiññā (= abhiññāya Abs. v. *abhijānāti)*	vollkommene Erkenntnis erlangt habend
nikhaṇati (nikkhanati)	gräbt ein
nisajja (Abs. v. *nisīdati*)	sich gesetzt habend
paṭiyādāpeti (doppelter Kaus.)	lässt vorbereiten, bereit stellen
parivisati	bewirtet, bedient
vāreti	hält ab, behindert
vihaññati	gerät in Ärger/Wut; wird entmutigt, verzweifelt
viheṭheti	plagt, quält
sandasseti	belehrt
samādapeti	regt an, weckt Interesse
samuttejeti	spornt an, ermutigt
sampahaṃseti	begeistert
eka (=ekaka)	einsam, allein
khara	heftig (Schmerz)
khīṇa	erschöpft, geschwunden, beseitigt
niṭṭhita	fertig
paṭiyatta	vorbereitet, zubereitet
pabāḷha	stark (Schmerz)
pahūta	reichlich
-pek(k)ha	in der Absicht, mit dem Wunsch
mahallaka	alt, gebrechlich
māraṇantika	lebensgefährlich
lohita	rot, blutig
vuddha (vuḍḍha)	alt, ehrwürdig
vūpakaṭṭha	abgesondert, zurückgezogen
vusita	gelebt, vollbracht
kadāci karahaci	von Zeit zu Zeit, manchmal
kira	„wie man hört"; also, nun
(na) cirass´eva	(nicht) lange aber
tena hi	(aufmunternd) also ..., nun ..., so ...
diṭṭhe´va dhamme	hier und jetzt, in diesem (jetzigen) Leben, in dieser Welt
apara (Adj.)	(der/die/das) zukünftige, nächste
aparaṃ (Adv.)	außerdem, ferner

aparaṃ	Zukunft, Folge
nāparaṃ (= *na aparam*)	(Adv.) nicht(s) weiter, nicht(s) danach
paraṃ	hiernach, danach
santike	in Gegenwart von
svātanāya	für morgen

1. *Assosi kho Cundo kammāra-putto: Bhagavā kira Pāvaṃ anuppatto Pāvāyaṃ viharati mayhaṃ ambavane ti. Atha kho Cundo kammāra-putto yena Bhagavā ten´ upasaṅkami, upasaṅkamitvā Bhagavantaṃ abhivādetvā ekamantaṃ nisīdi, ekamantaṃ nisinnaṃ kho Cundaṃ kammāra-puttaṃ Bhagavā dhammiyā kathāya sandassesi samādapesi sammuttejesi sampahaṃsesi.*

Atha kho Cundo kammāra-putto Bhagavatā dhammiyā kathāya sandassito samādapito samuttejito sampahaṃsito Bhagavantaṃ etad avoca: „Adhivāsetu me bhante Bhagavā svātanāya bhattaṃ saddhiṃ bhikkhu-saṅghenāti." Adhivāsesi Bhagavā tuṇhī-bhāvena.

Atha kho Cundo kammāra-putto Bhagavato adhivāsanaṃ viditvā, uṭṭhāy´āsanā Bhagavantaṃ abhivādetvā padakkhiṇaṃ katvā pakkāmi.

Atha kho Cundo kammāra-putto tassā rattiyā accayena sake nivesane paṇītaṃ khādaniyaṃ bhojaniyaṃ paṭiyādāpetvā pahūtañ ca sūkara-maddavaṃ Bhagavato kālaṃ ārocāpesi (Kaus. II)*:*

„Kālo, bhante, niṭṭhitaṃ bhattan ti."

Atha kho Bhagavā pubbaṇha-samayaṃ nivāsetvā patta-cīvaraṃ ādāya saddhiṃ bhikkhu-saṅghena yena Cundassa kammāra-puttassa nivesanaṃ ten´upasaṅkami, upasaṅkamitvā paññatte āsane nisīdi, nisajja kho Bhagavā Cundaṃ kammāra-puttaṃ āmantesi: „Yan te Cunda sūkara-maddavaṃ paṭiyattaṃ, tena maṃ parivisa, yaṃ pan´ aññaṃ khādaniyaṃ bhojaniyaṃ paṭiyattaṃ, tena bhikkhu-saṅghaṃ parivisāti." „Evaṃ bhante ti" kho Cundo kammāra-putto Bhagavato paṭis-

sutvā, yaṃ ahosi sūkara-maddavaṃ paṭiyattaṃ, tena Bhagavantaṃ parivisi, yaṃ pan´ aññaṃ khādaniyaṃ bhojaniyaṃ paṭiyattaṃ tena bhikkhu-saṅghaṃ parivisi.

Atha kho Bhagavā Cundaṃ kammāra-puttaṃ āmantesi: „Yan te Cunda sūkara-maddavaṃ avasiṭṭhaṃ, taṃ sobbhe nikhaṇāhi, nāhan taṃ Cunda passāmi sadevake loke samārake sabrahmake sassamaṇa-brāhmaṇiyā pajāya sadeva-manussāya yassa taṃ paribhuttaṃ sammāpariṇāmaṃ gaccheyya aññatra Tathāgatassāti."

„Evaṃ bhante ti kho" Cundo kammāra-putto Bhagavato paṭissutvā, yaṃ ahosi sūkara-maddavaṃ avasiṭṭhaṃ taṃ sobbhe nikhaṇitvā, yena Bhagavā ten´ upasaṅkami, upasaṅkamitvā Bhagavantaṃ abhivādetvā ekamantaṃ nisīdi, ekamantaṃ nisinnaṃ kho Cundaṃ kammāra-puttaṃ Bhagavā dhammiyā kathāya sandassetvā samādapetvā samuttejetvā sampahaṃsetvā uṭṭhāy´ āsanā pakkāmi.

Atha kho Bhagavato Cundassa kammāra-puttassa bhattaṃ bhuttāvissa (vgl. 10.4; hier eine abweichende Beugungsform nach der *a*-Deklination) *kharo ābādho uppajji lohitapakkhandikā pabāḷhā vedanā vattanti māraṇantikā.*

Tā sudaṃ Bhagavā sato sampajāno adhivāsesi avihaññamāno.

2. *Tena kho pana samayena Subhaddo nāma paribbājako Kusinārāyaṃ paṭivasati. Assosi kho Subhaddo paribbājako: Ajj´ eva kira rattiyā pacchime yāme samaṇassa Gotamassa parinibbānaṃ bhavissatīti.*

Atha kho Subhaddassa paribbājakassa etad ahosi: Sutaṃ kho pana me taṃ paribbājakānaṃ vuddhānaṃ mahallakānaṃ ācariya-pācariyānaṃ bhāsamānānaṃ: Kadāci karahaci Tathāgatā loke uppajjanti Arahanto Sammā-Sambuddhā ti. Ajja ca rattiyā pacchime yāme samaṇassa Gotamassa parinibbānaṃ bhavissati. Atthi ca me ayaṃ kaṅkhā-dhammo uppanno, evaṃ pasanno ahaṃ samaṇe Gotame, pahoti me samaṇo Gotamo tathā dhammaṃ desetuṃ yathā ahaṃ imaṃ kaṅkhā-dhammaṃ pajaheyyanti (*pajaheyyaṃ ti*).

Atha kho Subhaddo paribbājako yena Upavattanaṃ Mallānaṃ sālavanaṃ yen´ āyasmā Ānando ten´ upasaṅkami, upasaṅkamitvā āyasmantaṃ Ānandaṃ etad avoca: „Sutaṃ me taṃ bho Ānanda paribbājakānaṃ vuddhānaṃ mahallakānaṃ ācariya-pācariyānaṃ bhāsamānānaṃ: Kadāci karahaci Tathāgatā loke uppajjanti Arahanto Sammā-Sambuddhā ti. Ajja ca rattiyā pacchime yāme samaṇassa Gotamassa parinibbānaṃ bhavissati. Atthi ca me ayaṃ kaṅkhā-dhammo uppanno, evaṃ pasanno ahaṃ samaṇe Gotame, pahoti me samaṇo Gotamo tathā dhammaṃ desetuṃ yathā ahaṃ imaṃ kaṅkhā-dhammaṃ pajaheyyaṃ. Svāhaṃ (= *so ahaṃ*) *bho Ānanda labheyyaṃ samaṇaṃ Gotamaṃ dassanāyāti.“*

Evaṃ vutte āyasmā Ānando Subhaddaṃ paribbājakaṃ etad avoca: „Alaṃ āvuso Subhadda, mā Tathāgataṃ viheṭhesi. Kilanto Bhagavā ti.“

Dutiyaṃ pi kho Subhaddo paribbājako ... pe ...

Tatiyaṃ pi kho Subhaddo parbbājako ... pe ...

Tatiyaṃ pi kho āyasmā Ānando Subhaddaṃ paribbājakaṃ etad avoca: „Alaṃ āvuso Subhadda, mā Tathāgataṃ viheṭhesi. Kilanto Bhagavāti.“

Assosi kho Bhagavā āyasmato Ānandassa Subhaddena paribbājakena saddhiṃ imaṃ kathā-sallāpaṃ. Atha kho Bhagavā āyasmantaṃ Ānandaṃ āmantesi: „Alaṃ Ānanda, mā Subhaddaṃ vāresi, labhataṃ (Imp. Med. vgl.10.5) *Ānanda Subhaddo Tathāgataṃ dassanāya. Yaṃ kiñci maṃ Subhaddo pucchissati, sabban taṃ aññā-pekkho ´va pucchissati no vihesā-pekkho, yañ c´ assāhaṃ* (= *assa ahaṃ*) *puṭṭho vyākarissāmi taṃ khippaṃ eva ājānissatīti.“*

Atha kho āyasmā Ānando Subhaddaṃ paribbājakaṃ etad avoca: „Gacch´āvuso Subhadda, karoti te Bhagavā okāsan´ti.“

(Der Erhabene belehrt nun Subhaddo, der daraufhin den am Ende der 11. Lektion aufgeführten begeisterten Ausruf macht. Er bittet den Erhabenen, ihm die Aufnahme in den Orden zu gewähren. Es folgt der Schluss des Berichtes.)

Atha kho Bhagavā āyasmantaṃ Ānandaṃ āmantesi: „Tena h´ Ānanda Subhaddaṃ pabbājethāti." „ Evaṃ bhante ti" kho āyasmā Ānando Bhagavato paccassosi ....

Alattha (vgl. 7.5) *kho Subhaddo paribbājako Bhagavato santike pabbajjaṃ, alattha upasampadaṃ.*

Acirūpasampanno kho pan´ āyasmā Subhaddo eko vūpakaṭṭho appamatto ātāpī pahitatto viharanto na cirass´eva yass´ atthāya kulaputtā sammad eva agārasmā anagāriyaṃ pabbajanti, tad anuttaraṃ brahmacariya-pariyosānaṃ diṭṭhe ´va dhamme sayaṃ abhiññā sacchikatvā upasampajja vihāsi: Khīṇā jāti, vusitaṃ brahmacariyaṃ, kataṃ karaṇīyaṃ, nāparaṃ itthattāyāti abbhaññāsi.

Aññataro kho pan´ āyasmā Subhaddo arahataṃ ahosi. So Bhagavato pacchimo sakkhi-sāvako ahosīti.

Teil II: Übersetzungen

Die Übungsaufgaben der Lektionen 1 bis 10 werden möglichst wörtlich, die Lehrredenauszüge der Lektionen 11 bis 15 etwas freier übersetzt.

Lektion 1

1. Der Mann spricht.
2. Der Sohn nähert sich.
3. So sprechen wir.
4. Der „Sogegangene" ist ein Adliger (d.h. er stammt aus einem Adelsgeschlecht).
5. Dieser ist ein Asket.
6. Der Gott ist kein Mensch.
7. Der Laienanhänger fragt.
8. Wir leben.
9. Der Brahmane setzt sich nieder.
10. Ihr sprecht so.

Lektion 2

1. Die Menschen betreten das Haus.
2. Ihr gebt eine Spende.
3. Der Freund geht fort.
4. Zu einer (bestimmten) Zeit fällt die Welt zusammen (sie vereinheitlicht sich).
5. Ich spreche zu dem „Willkommenen".
6. Die Laienanhänger atmen schnell aus.
7. Götter sind glücklich.
8. Die Jungen fragen den Asketen nach den Tugenden.
9. Du gehst zu schnell hinunter.
10. Wir fragen die Asketen nach (ihrem) Ziel.

Lektion 3

1. Da starb nun Kokāliko.
2. Der „Sogegangene“ wendet sich den Männern zu.
3. Ihr fühlt die Frucht (das Ergebnis).
4. Du merkst (dir) den Sinn (auch Vergangenheit: du merktest).
5. Ich zog mich an.
6. Wir verzichteten auf Gewinn.
7. So (ist es), o König ...
8. Der „Willkommene“ betrat das Dorf.
9. Mogallāno und Sāriputto waren Freunde.
10. Der Laienanhänger war ein Brahmane.
11. Sie fragten: wo wohnst du?
12. Die Söhne verrichteten (machten) die Arbeiten.

Lektion 4

1. Der Erhabene sah nun von fern den Hausvater Anāthapiṇḍiko herankommen (wtl.: sah den herankommenden ...).
2. (Es ist) nicht die richtige Zeit (wtl.: Unzeit), um Almosenspeise zu gehen.
3. Sterben ist Leiden.
4. Als er starb (wtl.: die Zeit machend, d.h. vollendend), sagte er ...
5. Der „Sogegangene“ ist erlöst.
6. Bald (nicht lange) wird das vollkommene Erlöschen des „Sogegangenen“ sein.
7. Sie werden dem Leiden ein Ende machen.
8. Ānando stand (wtl.: war gestanden) hinter dem „Sogegangenen“.
9. Die Wanderasketen sahen, wie die Brahmanen herankamen (wtl.: sahen die herankommenden Brahmanen).
10. Bei Verrichtung der Arbeit (wtl.: Dem die Arbeit Verrichtenden ..., PPräs., Dat.) wird der Körper ermüden.
11. Wart ihr ermüdet?

12. Die Laienanhänger standen (wtl.: waren gestanden) vor dem Tor.

Lektion 5

1. Auch ich werde zur Lehrdarlegung nach Uruvelā gehen.
2. Der Erhabene sprach zu dem Hausvater Anāthapiṇḍiko dies: komm, Sudatto![16]
3. Der böse Geist Āḷavako sprach zu dem Erhabenen dies: geh hinaus, Asket!
4. Möge der Herr Ānando kommen, möge der Herr Ānando sich niedersetzen, dieser Sitz ist bereit.
5. Möge der Erhabene den Dhammo lehren, möge der „Willkommene" den Dhammo lehren.
6. Sprich nicht so, Kokāliko, sprich nicht so, Kokāliko!
7. Nehmen wir an, ein Asket oder ein Brahmane lerne die rechte (gute) Lehre.
8. Die Gottheiten sagten dies ...
9. Wahrnehmung und Gefühl sind aufgelöst.
10. Wie wäre es, wenn wir (etwas) Gutes täten?
11. Die Brahmanen sind die Söhne Brahmas.
12. Dies ist der Sinn des Gesagten.
13. Stell dich nicht vor den Erhabenen hin.
14. Auch ich würde es genauso erklären, wie es von Mahākaccāno erklärt worden ist.

Lektion 6

1. Zur Seite sitzend, sprach er dies zu mir ...
2. Er überlegt sich (wtl.: ihm ist so [zumute]): dies ist Māro.
3. Wie (es) dir der Erhabene erklärt, so sollst du es (dir) merken.

---

[16] Anāthapiṇḍiko (wtl.: Speiser der Bedürftigen) ist der Beiname des Kaufmanns Sudatto.

4. Was dem anderen gehört (dem anderen ist), das soll mir gehören (möge mir sein).
5. Nicht lange, nachdem Kokāliko weggegangen war, war (sein) ganzer Körper von eitrigem Geschwür überzogen.
6. Du hast (es) schlecht gemacht, ich habe (es) gut gemacht (wtl: ... schlecht vorgegangen ... gut vorgegangen).
7. Nun sah der Erhabene die Gottheiten.
8. Ich habe die Arbeit gemacht, aber durch das Verrichten der Arbeit ist mir (wtl.: Mir, dem die Arbeit Machenden, ist ...) der Körper ermüdet.
9. Möge der Herr Glück haben! (wtl.: möge dem Herrn Glück sein!)
10. Was wir wollen (wünschen) werden, das werden wir (auch) tun.
11. Das Wesen, welches zuerst (dort) wiedergeboren wurde, denkt sich: Ich bin Brahma.
12. Der, welcher Pukkusāti genannt wird, ein Familiensohn, der ist gestorben.
13. Die Spur des Elefanten gilt unter ihnen als die größte (wtl.: ... die Spitze dieser).
14. Macht, ihr Herren, keinen Lärm, ein Anhänger des Asketen Gotamo kommt heran.

Lektion 7

1. An der Wahrheit findet der Weise Gefallen.
2. Er wird nicht befreit vom Leiden.
3. Du übergibst mich doch nicht (meinen) Feinden, Jīvako?
4. Der Laienanhänger gewinnt Vertrauen zu dem „Sogegangenen“.
5. Wenn jenes ist, ist (auch) dieses.
6. Er wird von mir gesehen.
7. Sakko, der König der Götter, war, als er früher ein Menschenwesen war (wtl.: früher seiend), ein junger Brahmane mit dem Namen Magho; deswegen wird er Maghavo genannt.

8. Damals nun stand der junge Brahmane Sudassano hinter dem König Pasenadi.
9. Es sah der Erwachte, als er mit dem Buddha-Auge die Welt überblickte (wtl.: die Welt überblickend), Wesen, die kaum (geistig) verunreinigt waren und solche, die stark beschmutzt waren ...
10. Auch die, welche in vergangenen Zeiten Vollendete, Vollkommen Erwachte waren, auch diese Erhabenen waren (wtl.: weilten) der Wahrheit verbunden (*upanissāya*), hatten sie geschätzt und geehrt.
11. Der Erhabene zog sich am Morgen an, nahm Schale und Obergewand und ging in die kleine Stadt um Almosenspeise.
12. Die Hausväter und Brahmanen haben sich in der Halle versammelt.
13. Nachdem er dies gesagt hatte, stand der „Willkommene" vom Sitze auf und zog sich in das Wohnhaus zurück.
14. Da nun kam (wtl.: entstand) dem einsam und zurückgezogen (verweilenden) Erhabenenen folgender Gedanke (wtl.: Überlegung des Geistes, vgl. 7.3) ...
15. Der Zweifel und die Unsicherheit, der/die (zu *yā* ... *sā* s. 6.3 a – beide Begriffe sind im Pāli weiblich) in Bezug auf den Vollendeten (Lok., s. 7.8.3. u. 8.1.3) (besteht), wird überwunden werden.

Lektion 8

1. Der Mann lässt die richtige Anschauung (in sich) entstehen.
2. Ein Mensch wird in niederem Stand wiedergeboren ... und er ist hässlich, unansehnlich.
3. Zu dieser Zeit hielt ich mich unter den Sakyern auf, in einer kleinen Stadt der Sakyer.
4. Du kannst hier nicht länger bleiben (wtl.: genug mit deinem Hier-Aufenthalt!).

5. Mit dem Körper führt er einen guten Wandel, mit der Sprache und mit dem Denken (drei Instrumentale, jedes Mal mit einer anderen Endung!).
6. Das Tor, durch das er hinaus ging, wurde Gotama-Tor genannt. (wtl.: Durch welches Tor er hinaus ging, das war mit dem Namen das Gotamo-Tor.)
7. Aus welcher Ursache (entsteht) der Durst?
8. Was habe ich (wtl.: Was mir) vom Leben?
9. Und dann ist bald nach dem Weggang des Ehrwürdigen Ānando der Hausvater Anāthapiṇḍiko nach dem Zerfall des Körpers, nach (seinem) Tod, im Tusita-Himmel wiedererschienen.
10. Auf welchem Wege bist du gekommen?
11. Was möchtest du? (wtl.: Womit/Wonach [ist] dir ein Wunsch?)
12. Der König ließ dem Prinzen Paläste bauen.
13. Ich verstehe nicht, Herr, den Sinn des vom Erhabenen kurzgefasst Gesagten.
14. Wenn Alter und Tod sich mir nähern, Herr, was wäre da (anderes) zu tun außer lehrgemäßem Leben, friedvollem Leben, heilsamem, verdienstvollem Wirken?
15. Von heute (wtl.: von hier) an in drei Monaten.
16. Da nun (wusste) Māro, der Böse: „erkannt hat mich (wtl.: es kennt mich) Āḷavikā", traurig und bedrückt verschwand er auf der Stelle.
17. Von wo kommt ihr denn her?
18. Als der Erhabene vollkommen erlosch, sprach gleichzeitig (zusammen, vgl. 7.6) mit dem großen Erlöschen Brahmā Sahampati diesen Vers ...
19. Ein Brahmane lässt in einem Wäldchen Arbeit(en) verrichten (und spricht): ich lasse in diesem Wäldchen Arbeiten verrichten zu meiner Freude (wtl.: verrichten lassend freue ich mich); dieser Asket Gotamo aber, was lässt dieser verrichten zu seiner Freude?
20. Ein Mönch, der zu seinem Tagesaufenthaltsplatz gegangen ist, hegt schlechte, unheilsame Gedanken, wie Gedanken

sinnlicher Lust, Gedanken des Übelwollens, Gedanken der Gewalt.

21. Wem fällt wohl diese Frucht meiner Handlung zu, wem die Ernte des Tuns?
22. Was ist der Sinn davon (dessen)?
23. Kommt, Herr, (sagte er) nachdem er (ihn) in das Haus hatte eintreten lassen.
24. Du verstehst diese Lehre und Ordnung nicht; wie könntest du auch (wtl.: was wirst du ...) diese Lehre und Ordnung verstehen?

Lektion 9

1. Was meinst du, großer König, wenn das so ist (wtl.: wenn so seiend), gibt es (dann) ein sichtbares Ergebnis des Asketenlebens – oder nicht?
2. Darum sollst du dich hier so üben (wtl.: ist so von dir zu üben): ich will (wtl.: werde) ein Freund der Guten (wtl.: guter Freund) sein.
3. Wie es dir gefallen mag (Optativ), so mögest du es beantworten.
4. Es gibt Wesen, die, wenn sie die Lehre nicht hören, zugrunde gehen; sie werden Kenner der Lehre werden.
5. Es gibt keinen anderen Asketen oder Brahmanen, der eine höhere Kenntnis (*bhiyyo* + Komparativ) hat als der Erhabene.
6. Was er hier gehört hat, erzählt er nicht an anderem Ort, um diese zu entzweien (wtl.: [etwas] von hier gehört habend [ist er] nicht dort ein Erzähler [mit der Absicht] der Entzweiung dieser [Menschen]) und was er dort gehört hat, erzählt er nicht hier, um jene zu entzweien.
7. Dort gibt es weder einen Töter, noch einen Veranlasser des Tötens, weder einen Hörer, noch einen, der (andere) zum Zuhören bringt.
8. Aber ist es möglich, Herr, dass ich es weiß (wtl.: für mich es zu wissen)?

9. So sollte es sein.
10. Sie sind von euch zur Entfaltung zu bringen.
11. Wer könnte nun diesen Überrest des Opfermahls genießen?
12. Zu jener Zeit nun ist der Hausvater Anāthapiṇḍiko in Rājagaha angekommen, um irgend etwas zu erledigen.
13. Ich möchte nach Rājagaha gehen.
14. Das ist so (auf diese Weise) zu verstehen, Ānando.
15. Ihr solltet die menschlichen Sinnesfreuden genießen, meine Herren.
16. Erreicht habe ich es wirklich, gut getroffen habe ich es in der Tat, dass ich als meinen Lehrer (*me* Dativ: mir = für mich) den Heiligen, den vollkommen Erwachten habe.
17. Da nun dachte die Nonne Āḷavikā sich: wer ist wohl dies, ein Mensch oder ein über- (oder unter-) menschliches Wesen, das diesen Vers spricht?
18. Ist es aber möglich, Herr, es mit einem Gleichnis auszudrücken (wtl.: ein Gleichnis zu geben)?
19. Was dir zu tun obliegt, großer König, das tue.
20. Da nun machte sich der Göttersohn Susimo, während das Lob des Ehrwürdigen Sāriputto verkündet wurde, umgeben von einer großen Ansammlung von Göttersöhnen, auf den Weg zu dem Erhabenen.
21. Nachdem der Ehrwürdige Samiddhi in der Tapoda-Quelle die Glieder überspült hatte und wieder (aus dem Wasser) herausgekommen war, stand er da, (seine) Glieder trocknen lassend.
22. Von diesem Geld, lieber Mann, sollst du selber leben.
23. Der Asket Gotamo möge (mir) auf halbem Wege entgegen kommen, ich werde (ihm ebenfalls) auf halbem Wege entgegen gehen.
24. Diese Wesen sollen getötet werden.

Lektion 10

1. Ich kann nicht fünf Jahre (lang) warten.
2. Ist es wohl möglich, durch Gehen das Ende der Welt zu erkennen, zu sehen, zu erreichen?
3. Und dann kam nach dem Essen König Pasenadi, schwer atmend, zu dem Erhabenen.
4. Und der Brahmane Bhāradvājagotto wurde vom Erhabenen selbst in den Orden aufgenommen (wtl.: erlangte in Gegenwart des Erhabenen die Aufnahme).
5. Zu jener Zeit aber ging der Erhabene im Freien auf und ab.
6. Es ist heute nicht die (richtige) Zeit, den Erhabenen zu sehen, (ihn) aufzusuchen.
7. Ein kluger Mensch, der Reichtum erlangt hat, macht es sich selbst angenehm und lässt es sich gut gehen.
8. Er hegte den Wunsch, zu dem Erhabenen zu gehen, ihn zu sehen.
9. Wenn er (es) nicht weiß, (wtl.: nicht wissend, PPräs.), sagt er: ich weiß (es); und wenn er (es) weiß, sagt er: ich weiß (es) nicht.
10. Wenn der Bodhisatta aus dem Leib der Mutter herauskommt, kommt er rein und unbefleckt hervor.
11. Mond und Sonne gehen auf und gehen unter.
12. Er lebt (weilt) voll Mitleid für das Wohlergehen aller Lebewesen.
13. (Unmittelbar) einsehbar ist diese Lehre, zeitlos, sofort begreifbar („komm und sieh!"), zum Ziel führend, von verständigen Männern (auch) allein (jeder für sich) erfassbar.
14. Māro, der Böse, sprach zu Upacālā, der Nonne: wo möchtest denn du, Nonne, wiedergeboren werden? – Nicht irgendwo (wo es auch immer sei), Freund, möchte ich wiedergeboren werden.
15. Zu jener Zeit aber hatte sich Brahma Bako eine derartige falsche Ansicht gebildet ... (wtl.: war ihm entstanden ...).
16. Der Hausvater, der (etwas) gegeben hatte, bereute es aber nachher (wtl.: war reuevoll).

17. Nicht möglich aber, Brahmane, ausgeschlossen ist es, dass ein unverständiger Mensch einen (anderen) Unverständigen (als solchen) erkennt: dieser liebe Mensch ist ein unverständiger Mensch.
18. Dies nun, Mallikā, ist der Grund, dies die Ursache, aus welcher heraus (Instrumental) eine Frau da hässlich ist.
19. Mit dem Auge sieht er die Form.
20. Dies gefällt mir, jenes gefällt mir nicht.
21. Erwacht ist der Erhabene, zur Erwachung zeigt er die Lehre.
22. Diese verderbliche Ansicht, die dir entstanden ist, gebe sie auf, damit sie dir nicht für lange Zeit zu Nachteil und Leiden werde.
23. Er hatte (wtl.: ihm waren) diese sieben Juwelen.
24. Es wissen aber Vater und Mutter: dies ist unser Sohn (wtl.: dieser ist uns der Sohn). Und auch er weiß: dies sind meine Eltern.

Lektion 11

Wunderbar, Herr Gotama, ganz wunderbar. Es ist so, wie wenn man etwas Umgestürztes wieder aufrichtete, oder etwas Verborgenes aufdeckte oder einem, der sich verirrt hat, den Weg zeigte, oder als ob man in die Finsternis ein Licht (wtl.: eine Öllampe) brächte: wer Augen hat, kann (nun) die Dinge sehen (wtl.: die Sehenden – 9.9 a – sehen die Formen) – ganz genauso ist von dem Herrn Gotamo auf vielfältige Weise die Lehre aufgezeigt worden.

Lektion 12

So habe ich gehört: Einmal hielt sich der Erhabene bei Rājagaha auf, im Bambusgarten, am Fütterungsplatz der Eichhörnchen. Zu der Zeit aber lebte Aciravato (A), ein Novize, im Wald in einer Hütte. Da kam nun Jayaseno (J), der Königssohn, auf einem Spaziergang (die im Pāli-Text folgenden drei Verben stehen im Part. Präs. und bedeuten ungefähr das Gleiche: umhergehen, dahinschlendern, herumwandern) umherwandernd, zu der Stelle, wo sich A, der Novize, aufhielt. Dort angekommen grüßte er den Novizen A (wtl.: begrüßte sich mit dem Novizen) und setzte sich, nachdem höfliche und freundliche Worte gewechselt worden waren, seitwärts nieder.

Seitwärts sitzend sprach nun J, der Königssohn, zu A, dem Novizen: „Gehört habe ich, Herr Aggivessano (Geschlechtername des A, im Folgenden zu Agg abgekürzt), dass ein Mönch, der hier unermüdlich, eifrig, entschlossen ist (*viharanto*), die Einigung (völlige Beruhigung) des Herzens erreichen könnte."

„So ist es, genau so ist es, Königssohn. Ein Mönch, der hier unermüdlich, eifrig, entschlossen ist, vermag die Einigung des Herzens zu erreichen."

„Möge bitte (*sādhu*) Herr Agg mir die Lehre darlegen, wie er sie gehört und aufgefasst hat."

„Ich kann dir, Königssohn, die Lehre, wie ich sie gehört und aufgefasst habe, nicht darlegen. Denn wenn ich dir, Königssohn, die Lehre, so wie ich sie gehört und aufgefasst habe, darlegen wollte, so würdest du den Sinn des von mir Gesagten nicht verstehen. Und (somit) wäre das für mich (nur) eine Belästigung, wäre mir eine Plage."

„(Und dennoch) möge mir Herr Agg die Lehre so zeigen, wie er sie gehört, wie er sie aufgefasst hat. Vielleicht kann ich doch den Sinn des von Herrn Agg Gesagten begreifen."

„So will ich dir also, Königssohn, die Lehre darlegen, so wie ich sie gehört, wie ich sie aufgefasst habe. Wenn du den Sinn des von mir Gesagten verstehen solltest, so ist es gut (*kusalaṃ*). Wenn du aber den Sinn des von mir Gesagten nicht verstehen solltest, so magst du bei deiner Auffassung bleiben; du sollst mich dann nicht weiter befragen."

„Möge mir (also) Herr Agg die Lehre erklären, wie er sie gehört und aufgefasst hat. Wenn ich den Sinn des von Herrn

Agg Gesagten verstehen kann, so ist es gut. Wenn ich den Sinn des von Herrn Agg Gesagten nicht verstehen sollte, so werde ich bei meiner Auffassung bleiben. Dann werde ich Herrn Agg nicht weiter befragen."

Da hat dann A, der Novize, J, dem Königssohn, die Lehre dargelegt, wie er sie gehört und aufgefasst hatte. Als er zu Ende gesprochen hatte (*evaṃ vutte*), sagte J, der Königssohn, zu A, dem Novizen: „Unmöglich, Herr Agg, ist es, ausgeschlossen ist es, dass ein Mönch, der unermüdlich, eifrig, entschlossen ist, die Einigung des Herzens erreichen könnte".

Und nachdem J, der Königssohn, A, dem Novizen, gegenüber (seine Überzeugung von der) Unmöglichkeit und Unerreichbarkeit ausgesprochen hatte, stand er von seinem Sitz auf und ging weg.

Bald nachdem J, der Königssohn, fortgegangen war (Lok. abs.), ging A, der Novize, zum Erhabenen. Dort angekommen begrüßte er den Erhabenen und setzte sich seitwärts nieder. Zur Seite sitzend erzählte dann A, der Novize, alles das, was Gegenstand der Unterhaltung (*yāvataka ... kathāsallāpo*) mit J, dem Königssohn, gewesen war.

Nachdem er dies berichtet hatte (*evaṃ vutte*), sagte der Erhabene zu A, dem Novizen: „Wie (*kuto* woher) wäre das hier auch möglich, Agg? Dass das, was (nur) durch Entsagung erkennbar, durch Entsagung einsehbar, durch Entsagung erreichbar, durch Entsagung verständlich ist, dass dies etwa auch (*vata*) J, der Königssohn, der inmitten von Sinnenreizen lebt (*vasanto*), Sinnenfreuden genießt, von Sinnengedanken verzehrt wird, vom Fieber nach Sinnenfreuden verbrannt wird, eifrig nach Sinnenbefriedigungen sucht, dass auch er dies erkennen, einsehen und sich verständlich machen könnte, das ist nicht möglich."

...

„Stell dir vor (*seyyathāpi*), Agg: in der Nähe eines Dorfes oder einer Stadt sei ein großer Berg. Zwei Freunde gingen aus dem Dorf oder dieser Stadt hinaus, Hand in Hand, und näherten sich dem Berg. Dort angekommen bliebe der eine Freund unten am Fuß des Berges stehen, der andere stiege auf den Berg hinauf. Der unten am Fuß des Berges stehende (wtl.: gestandene) Freund riefe dann zu dem oben am Berg stehenden Freund: ´Was siehst du, mein Lieber, während du da oben auf dem Berg stehst?` und der antwortete: ´Ich sehe, mein Lieber, hier oben auf dem Berg stehend, einen lieblichen Park, einen herrlichen Wald, eine blühende Landschaft, einen reizenden See mit Lotuspflanzen.` Darauf sagte der andere: ´Unmöglich ist es, mein Lieber, ausgeschlossen, ist es, dass du, während du auf dem Berg stehst, einen lieblichen Park, einen herrlichen Wald, eine blühende Landschaft, einen reizenden See mit Lotuspflanzen sehen könntest.`

Da wäre dann der oben stehende Freund zum Fuß des Berges herabgestiegen, hätte den Freund am Arm genommen (*bāhāya gahetvā*), ihn veranlasst, hinauf auf den Berg zu steigen (*āropetvā*, Kaus., Abs.), ihn eine Weile ausruhen lassen (*muhuttaṃ assāsetvā*, Kaus., Abs.) und sagte dann zu ihm: ´Was siehst du, mein Lieber, während du (hier) oben auf dem Berg stehst?`und der antwortete: ´Ich sehe, mein Lieber, während ich hier oben auf dem Berg stehe, einen lieblichen Park, einen herrlichen Wald, eine blühende Landschaft, einen reizenden See mit Lotuspflanzen.` Darauf würde der (andere) sagen: ´Soeben erst (*idāni eva*) haben wir von dir, mein Lieber, folgende Worte vernommen: Unmöglich ist es, ausgeschlossen ist es, dass du, während du oben auf dem Berg stehst, einen lieblichen Park, einen herrlichen Wald, eine blühende Landschaft, einen reizenden See mit Lotuspflanzen sehen könntest. Jetzt aber hören wir von dir die folgenden Worte: Ich sehe einen lieblichen Park, einen herrlichen Wald, eine blühende Landschaft, einen reizenden See mit Lotuspflanzen.` Darauf würde der andere antworten: ´Aber ich war doch, mein Lieber, durch den großen Berg am Sehen gehindert, sah (also) nicht(s).`

Ebenso, ja sogar durch eine noch (*ato*) größere Anhäufung von Unwissen ist J, der Königssohn, gehindert, gehemmt, zurückgehalten, umschlossen. Dass das, was eben (nur) durch Entsagung erkennbar, einsehbar, erreichbar, verstehbar ist, etwa auch J, der Königssohn, der inmitten von Sinnenreizen lebt, Sinnenfreuden genießt, von Sinnengedanken verzehrt, vom Fieber nach Sinnenfreuden verbrannt wird, eifrig nach Sinnenbefriedigungen sucht, erkennen, einsehen, verstehen könnte, das ist nicht möglich.

Wenn dir (*taṃ*, Akk.), Agg, (bei deinem Gespräch) mit J, dem Königssohn, diese zwei Gleichnisse eingefallen wären, so hätte zweifellos (*anacchariyaṃ* i. S. v. selbstverständlich, nicht dem Zweifel unterliegend) dir J, der Königssohn, freudig zugestimmt (*pasideyya*), hätte Vertrauen gewonnen (*pasanno*) und dir (weiterhin) Vertrauen bezeugt (*pasannaṃ ākāraṃ kareyya*)."

„Wie aber, Herr, hätten mir, J, dem Königssohn, gegenüber diese zwei Gleichnisse einfallen können, diese unbezweifelbaren, früher noch nie zuvor gehörten, so wie (sie nur) dem Erhabenen (einfallen)?"

Lektion 13

1. (Brahmane): „Ich, Herr Gotamo, habe diese Überzeugung, diese Ansicht: wer auch immer von Gesehenem sagt (wtl.: das Gesehene spricht): ´das habe ich gesehen` (wtl.: ist von mir gesehen), der kann dadurch nichts Böses tun (wtl.: nicht ist deshalb Böses); wer von Gehörtem, Wahrgenommenem, Erkanntem spricht: „das habe ich gehört, wahrgenommen, erkannt, der kann dadurch nichts Falsches tun."

(Der Buddha): „Nicht sage ich, Brahmane, dass man alles Gesehene auch sagen soll (*bhāsitabbaṃ* Grd. vgl. 9.3), noch auch sage ich, Brahmane, dass man alles Gesehene nicht sagen soll. Nicht sage ich, Brahmane, dass man alles Gehörte,

Wahrgenommene, Erkannte sagen soll, noch auch sage ich, dass man alles Gehörte, Wahrgenommene, Erkannte nicht sagen soll.

Ich sage, Brahmane: wenn Gesehenes, Gehörtes, Wahrgenommenes, Erkanntes von der Art ist (*yaṃ diṭṭhaṃ ... evarūpaṃ diṭṭhaṃ)*, dass bei dem Sprecher die schlechten Eigenschaften zunehmen, die guten Eigenschaften abnehmen, dann soll man darüber nicht sprechen; wenn das von ihm (*assa*) Gesehene, Gehörte, Wahrgenommene, Erkannte von der Art ist, dass bei dem Sprecher die schlechten Eigenschaften abnehmen, die guten Eigenschaften zunehmen, dann, sage ich, soll man darüber sprechen."

2. „Es gibt, ihr Mönche, dunkles Wirken, das dunkle Folgen hat, es gibt helles Wirken, das helle Folgen hat, es gibt dunkel-helles Wirken, das dunkel-helle Folgen hat und es gibt ein Wirken, das weder dunkel noch hell ist und weder dunkle noch helle Folgen hat, das zum Erlöschen des Wirkens führt.

Was ist das für ein dunkles Wirken, das dunkle Folgen hat? Da, ihr Mönche, vollbringt jemand (etwas) Belastendes durch körperliches Tun, durch Sprechen, durch Denken. Und weil er Belastendes mit dem Körper, der Sprache, dem Denken getan hat (*... -kharitvā* Abs.), erscheint er in einer Welt wieder, in der es Belastendes gibt. Und weil er in einer von Belastendem erfüllten Welt wiedergeboren ist, treffen ihn belastende Berührungen. Und von diesen belastenden Berührungen getroffen (*phuṭṭho* PP. v. *phusati*), empfindet er belastendes Gefühl, äußerst schmerzhaft, so wie die höllischen Wesen. Das, ihr Mönche, nennt man (*vuccati* Passiv) dunkles Wirken mit dunklen Folgen.

Was ist das für ein helles Wirken, das helle Folgen hat? Da, ihr Mönche, vollbringt jemand etwas Nichtbelastendes durch körperliches Tun, durch Sprechen, durch Denken. Und weil er Nichtbelastendes mit dem Körper, der Sprache, dem Denken getan hat, erscheint er in einer Welt wieder, in der es keine

Belastung gibt. Und weil er in einer von keiner Belastung heimgesuchten Welt wiedergeboren ist, treffen ihn belastungsfreie Berührungen. Und von diesen belastungsfreien Berührungen getroffen, empfindet er von Belastung freies Gefühl, äußerst beglückend, so wie die Subhakiṇhā-Götter („Schönheitsversunkene", das sind Wesen der dritten Stufe der Gottheiten der Reinen Form). Das, ihr Mönche, nennt man helles Wirken mit hellen Folgen.

...

Was ist das für ein Wirken, das weder dunkel noch hell ist, weder helle noch dunkle Folgen hat und zum Überwinden des Wirkens führt? Das, ihr Mönche, ist die geistige Einstellung, welche (zu *yā* vgl. 6.3) auf das Überwinden desjenigen (*tassa pahānāya*) Wirkens gerichtet ist, das dunkel ist und dunkle Folgen hat, sowie *(pi)* das Überwinden desjenigen Wirkens, das hell ist und helle Folgen hat und *(pi)* das Überwinden desjenigen Wirkens, das teils dunkel, teils hell ist und teils dunkle, teils helle Folgen hat. Das, ihr Mönche, nennt man das weder dunkle noch helle Wirken, das weder dunkle noch helle Folgen hat und zum Überwinden des Wirkens führt. Diese vier Arten des Wirkens, ihr Mönche, sind von mir aufgezeigt worden, nachdem ich sie mir selbst klar gemacht und verstanden hatte."

Lektion 14

1. Das habe ich gehört: Einmal hielt sich der Erhabene bei Sāvatthī auf, im Jetawald, im Garten des Anāthapiṇḍiko. Da kam Mahāpajāpatī Gotamī in Begleitung von 500 Nonnen zum Erhabenen, begrüßte ihn und blieb seitwärts stehen. Seitwärts stehend sprach sie zu dem Erhabenen: „Möge der Erhabene die Nonnen unterweisen, möge er sie belehren, möge er einen Vortrag über die Lehre halten."

Zu der Zeit aber war es (üblich), dass die älteren Mönche die Nonnen der Reihe nach unterrichteten (in Pāli: Präsens); doch der Ehrwürdige Nandako wollte nicht, als die Reihe an ihn kam, die Nonnen belehren. Da wandte sich der Erhabene an den Ehrwürdigen Ānanda: „Wer ist nach der Reihenfolge heute daran (wtl.: wem ist die Reihe), die Nonnen zu unterrichten?“

„Nandako, Herr, ist nach der Reihenfolge heute daran, die Nonnen zu belehren. Aber der Ehrwürdige Nandako will nicht der Reihenfolge entsprechend die Nonnen belehren.”

Da wandte sich der Erhabene an Nandako: „Belehre Nandako, die Nonnen, unterweise sie, halte ihnen einen Vortrag über die Lehre, Brahmane.”

„Ja, Herr”, antwortete der Ehrwürdige Nandako dem Erhabenen. Am Morgen kleidete er sich an und nahm (*ādāya* Abs.) Schale und Obergewand und ging nach Sāvatthī um Almosenspeise. Als er den Almosengang in Sāvatthī beendet hatte, nahm er das Mahl ein, kehrte zurück und begab sich dann mit einem Begleiter auf den Weg zum Rājakagarten. Die Nonnen sahen schon von weitem den Ehrwürdigen Nandako herankommen. Als sie ihn gesehen hatten, machten sie (ihm) einen Sitz bereit und stellten Wasser für die Füße hin. Der Ehrwürdige Nandako setzte sich auf den bereit gestellten Sitz. Als er sich gesetzt hatte, wusch er sich die Füße. Und auch die Nonnen setzten sich, nachdem sie den Ehrwürdigen Nandako begrüßt hatten, ihm zur Seite nieder.

Zu den seitwärts sitzenden Nonnen sprach der Ehrwürdige Nandako: „Ein Gespräch mit Frage und Antwort (*paṭipucchati* fragen und rückfragen), Schwestern, kann nun stattfinden (wtl.: wird sein). Da, wo ihr (etwas) versteht (wtl.: sie verstehen), sollt ihr sagen (wtl.: möge die Rede sein): ´Wir verstehen (es)`; wo ihr (etwas) nicht versteht, sollt ihr sagen: ´Wir verstehen (es) nicht`. Wenn aber eine (*yassā*, Dat. vgl. 6.3) im Zweifel oder im Unklaren (über etwas) sein sollte, (wtl.: welcher ein Zweifel ... wäre.), so bin ich ja da, um gefragt zu werden (*paṭipucchitabbo* Grd. vgl. 9.1): ´Wie verhält sich das, Herr, was ist der Sinn davon?`”

„Wir sind, Herr, dem verehrten Herrn Nandako sehr dankbar (wtl.: erfreut) und beglückt, dass der verehrte Herr Nandako uns das gewährt."

„Was meint ihr, Schwestern, ist das Auge unvergänglich oder vergänglich?" – „Vergänglich, Herr."

„Was aber vergänglich ist, bringt das Leid oder bringt das Glück?" – „Leid, Herr."

„Was aber vergänglich und leidvoll, wandelbar ist, kann man das richtigerweise so ansehen: ´Das gehört mir, das bin ich, das ist mein Selbst`?" – „Sicher nicht, Herr."

„Was meint ihr, Schwestern, ist das Ohr, die Nase, die Zunge, der Körper (als Tastmittel), der Geist vergänglich oder unvergänglich?" – „Vergänglich, Herr."

„Was aber vergänglich ist, bringt das Leid oder Glück?"

„Leid, Herr."

„Was aber vergänglich und leidvoll, wandelbar ist, kann man das richtigerweise so ansehen: ´Das gehört mir, das bin ich, das ist mein Selbst´?" – „Sicher nicht, Herr."

„Und warum nicht?"

„Schon früher, Herr, ist das von uns der Wirklichkeit entsprechend (*yathābhūtaṃ* wie geworden; so wie es sich wirklich verhält) in voller Weisheit richtig gesehen worden: dass nämlich die sechs Innengebiete vergänglich sind."

„Gut, gut, Schwestern, genauso sieht es (wtl.: ist es gesehen) ein edler Jünger der Wirklichkeit gemäß in vollkommener Weisheit."

...

„Es ist, Schwestern, wie bei einer brennenden Öllampe: das Öl ist vergänglich (wtl.: wie das Öl einer brennenden Öllampe vergänglich ist), ändert sich; der Docht ist vergänglich, ändert sich; die Flamme ist vergänglich, ändert sich; der Lichtschein ist vergänglich, ändert sich. Wenn nun jemand (*yo*) sagen würde: ´Bei dieser brennenden Öllampe sind zwar Öl, Docht und Flamme vergänglich, veränderlich, aber ihr Lichtschein, der ist unvergänglich, beharrend, ewig, unwandelbar`, würde, wer so spräche, mit Recht so sprechen (*sammā ... vadamāno vadeyya* mit Recht [so] sprechend spräche)?"

„Sicher nicht, Herr."

„Und warum nicht?"

„Bei dieser brennenden Öllampe, Herr, ist ja schon Öl, Docht und Flamme vergänglich und veränderlich, dann doch erst recht ihr Lichtschein!"

2. Das habe ich gehört: Einst hielt sich der Erhabene bei Sāvatthī auf, im Jetawald, im Klostergarten des Anāthapiṇḍiko. Da begab sich in vorgerückter Nacht der Göttersohn Rohitasso, mit seiner herrlichen Schönheit den ganzen Jetawald erhellend, dorthin, wo sich der Erhabene befand. Als er dort angekommen war, begrüßte er den Erhabenen und stellte sich zur Seite hin. Zur Seite stehend sagte der Göttersohn Rohitasso zum Erhabenen: „Wo, Herr, (ist ein Ort), wo man nicht geboren wird, wo man nicht altert, nicht stirbt, nicht vom Dasein abscheidet, nicht wiedergeboren wird? Ist es für uns möglich, Herr, durch Gehen das Ende der Welt zu erkennen, zu sehen, zu erreichen?"

„(Du willst wissen), Freund, wo nicht geboren, nicht gealtert, nicht gestorben wird, wo es kein Abscheiden und keine Wiedergeburt gibt. Ich sage, dass man durch Gehen das Ende der Welt nicht erkennen, sehen, erreichen kann."

...

„Aber ich sage auch nicht, Freund, dass es, ohne das Ende der Welt erreicht zu haben (*appatvā*) eine Aufhebung des Leidens gibt. Denn ich verkünde, Freund, dass in eben diesem klaftergroßen, mit Wahrnehmung und Geist versehenen Körper die Welt ist, ihre Entstehung, ihre Aufhebung, der Weg zu ihrer Aufhebung und die (dazu gehörige) Vorgehensweise."

Lektion 15

1. Da hörte Cundo (C), der Sohn des Schmieds: der Erhabene ist, so hört man (*kira*), in Pāvā angekommen, hält sich in Pāvā, in meinem Mangohain auf. Und so begab sich C, der Sohn des Schmieds, zum Erhabenen. Dort angekommen begrüßte er den Erhabenen und setzte sich seitwärts nieder. Und der Erhabene belehrte C, den Sohn des Schmieds, der da zur Seite saß (*nisinnaṃ* PP., Akk.), durch ein Gespräch über die Lehre, weckte sein Interesse, spornte ihn an und begeisterte ihn.

Als dann C, der Sohn des Schmieds, vom Erhabenen durch das Lehrgespräch belehrt, angeregt, angespornt und begeistert worden war, sagte er zu dem Erhabenen: „Würde mir der Erhabene die Ehre erweisen, morgen zusammen mit der Mönchsgemeinde bei mir das Mahl (einzunehmen)?" Schweigend nahm der Erhabene die Einladung an.

Als nun C, der Sohn des Schmieds, sah, dass die Einladung von dem Erhabenen angenommen war, stand er von seinem Sitz auf, verabschiedete sich von dem Erhabenen, machte die Rechtsumwandlung und entfernte sich.

Am nächsten Morgen (wtl.: nach der Nacht) ließ C, der Sohn des Schmieds, in seinem Haus auserlesene feste und weiche Speisen zubereiten, einschließlich (*ca*) einer großen Menge (*pahūtaṃ*) von Pilzen. Dann ließ er dem Erhabenen mitteilen: „Es ist Zeit, Herr, das Mahl ist bereit."

Und so kleidete sich der Erhabene am Vormittag an, nahm Schale und Obergewand und begab sich zusammen mit der Mönchsgemeinde zum Haus des C, des Sohns des Schmieds. Dort angelangt setzte er sich auf einen bereit gestellten Sitz.

Als er sich niedergelassen hatte (*nisajja* Abs.), sprach er zu C, dem Sohn des Schmieds: „Das Pilzgericht, Cunda, das von dir zubereitet worden ist, mit dem bediene mich. Was aber an sonstigen festen und weichen Speisen bereitet ist, damit bewirte die Mönchsgemeinde."

„Ja, Herr", antwortete C, der Sohn des Schmieds. Er legte das Pilzgericht dem Erhabenen vor und mit den übrigen festen und weichen Speisen bewirtete er die Mönchsgemeinde.

Danach wandte sich der Erhabene an C, den Sohn des Schmieds: „Was dir, Cunda, von dem Pilzgericht übrig geblieben ist, das vergrabe in einer Grube, denn niemand sehe ich in der Welt mit ihren Göttern, ihren bösen und guten Geistern, ihren Brahmanen und Asketen, Himmels- und Menschenwesen, von dem das genossen und ganz verdaut werden könnte (*sammāpariṅāmaṃ gaccheyya*), ausgenommen den Vollendeten."

„Gut, Herr", antwortete C, der Sohn des Schmieds. Und was noch übrig war von dem Pilzgericht, grub er in ein Erdloch ein. Dann ging er zu dem Erhabenen (zurück), verbeugte sich und setzte sich zur Seite nieder. Und nachdem der Erhabene den zur Seite sitzenden C, den Sohn des Schmieds, (erneut) durch ein lehrreiches Gespräch belehrt, angeregt, angespornt und begeistert hatte, stand er von seinem Sitz auf und entfernte sich.

Nach dem bei C, dem Sohn des Schmieds, eingenommenen Mahl befiel den Erhabenen eine schwere Krankheit mit blutigem Durchfall und starken Schmerzen, die lebensbedrohend waren (*vattanti māraṇantikā*). Doch diese (Schmerzen) hat der Erhabene gefasst und ruhig-besonnen ertragen, ohne sich davon beeindrucken zu lassen (*avihaññamāno*).

2. Zu jener Zeit hielt sich ein Wanderasket mit Namen Subhaddo (S) in Kusinārā auf. Und S, der Wanderasket, hörte (reden): „Heute noch, in den letzten Stunden der Nacht (wtl.: in der letzten Nachtwache), soll (*kira*) der Asket Gotamo in die völlige Erlöschung eingehen(wtl.: wird die völlige Erlöschung des Asketen Gotamo sein)." Da begann S, der Wanderasket, nachzudenken: „Ich habe doch von alten, hochbejahrten Wanderasketen, von Lehrern, die sich wieder auf ihre Lehrer beriefen, sagen hören: hin und wieder, nach langen Zeiten, erscheinen Vollendete in der Welt, Heilige, Vollkommen Erwachte. Und heute, in den letzten Stunden der Nacht, wird der Asket Gotamo in die völlige Erlöschung eingehen. Mir ist aber nun (doch) ein Zweifel über eine (bestimmte) Sache

gekommen. Ich habe soviel Vertrauen zu dem Asketen Gotamo, (dass ich sicher bin,) er kann mir die Lehre so darlegen, (*tathā ... yathā*), dass ich diesen Zweifel verliere."

Und so begab sich S, der Wanderasket, nach Upavattana, in den Salabaumwald der Maller zu dem Ehrwürdigen Ānando.

Dort angekommen sprach er zu dem Ehrwürdigen Ānando: „Gehört habe ich, Herr Ānando, von alten, hochbejahrten Wanderasketen, von Lehrern, die sich wieder auf ihre Lehrer beriefen, dass hin und wieder, nach langen Zeiten, Vollendete in der Welt erscheinen, Heilige, Vollkommen Erwachte. Und heute, in den letzten Stunden der Nacht, wird der Asket Gotamo in die völlige Erlöschung eingehen. Mir ist aber nun (doch) ein Zweifel über eine (bestimmte) Sache gekommen. Ich habe soviel Vertrauen zu dem Asketen Gotamo, (dass ich sicher bin,) er kann mir die Lehre so darlegen, dass ich diesen Zweifel verliere. Ich bitte darum, Herr Ānando, den Asketen Gotamo sehen zu dürfen (*labheyyaṃ* wtl.: möge ich [es] erlangen)."

Darauf entgegnete der Ehrwürdige Ānando dem Wanderasketen S: „Genug, Bruder S, belästige nicht den Vollendeten. Der Erhabene ist erschöpft."

Ein zweites und ein drittes Mal äußerte S, der Wanderasket, seine Bitte. Und zum zweiten und zum dritten Mal antwortete der Ehrwürdige Ānando dem Wanderasketen S: „Genug, Bruder S, belästige nicht den Vollendeten. Der Erhabene ist erschöpft."

Der Erhabene aber hatte das Gespräch zwischen dem Ehrwürdigen Ānando und S, dem Wanderasketen, gehört. Und der Erhabene sagte zu dem Ehrwürdigen Ānando: „Genug, Ānando, wehre den S nicht (länger) ab. Es soll, Ānando, dem S gestattet sein (wtl.: er möge erreichen), den Vollendeten zu sehen. (Denn ich weiß), was auch immer S mich fragen wird, alles das wird er nur (*'va = eva*) aus seinem Drang nach Wissen heraus fragen, nicht weil er Lust daran hat, mich zu belästigen. Das was ich, (von ihm) befragt, ihm (*assa*) erklären werde, wird er ganz schnell verstehen."

Da sagte der Ehrwürdige Ānando zu S, dem Wanderasketen: „So gehe hin, Bruder, der Erhabene gibt dir (diese) Gelegenheit."

...

Da wandte sich der Erhabene an den Ehrwürdigen Ānando: „Nehmt also, Ānando, den S in den Orden auf."

„Ja, Herr", antwortete darauf der Ehrwürdige Ānando dem Erhabenen ...

Und so wurde S, der Wanderasket, in Gegenwart des Erhabenen in den Orden aufgenommen, wurde zum Mönch geweiht. Und nicht lange dauerte es nach seiner Einweihung als Mönch bis der Ehrwürdige S – einsam, zurückgezogen, unermüdlich, eifrig, entschlossen verweilend – nach kurzer Zeit schon das, was edle Söhne dazu bringt (*yass´atthāya* wtl.: zum Zweck dessen), sich vollständig vom häuslichen Leben zu lösen und in die Hauslosigkeit zu ziehen, jenes höchste Ziel des Reinheitslebens, noch bei Lebzeiten sich völlig klar gemacht, verstanden und errungen hatte: „Versiegt ist die (Möglichkeit zur) Geburt, vollendet das Reinheitsleben, getan ist, was zu tun war, kein weiteres (Dasein) gibt es mehr" – das hatte er vollständig verstanden.

S war nun ein weiterer der Heiligen geworden. Er war der letzte persönliche Jünger des Erhabenen.

Teil III: Grammatikalische Übersicht

Um die Lektionen 1 bis 10 nicht mit allzu viel Grammatik zu belasten, wurden die nachfolgenden Tabellen in einem eigenen Abschnitt zusammen gefasst. Da der Inhalt weniger zum Auswendiglernen als zum Nachschlagen gedacht ist, konnten hier auch seltenere Nebenformen mit berücksichtigt werden.

Tabelle 1: Präfixe (Vorsilben)

ā-	heran, zu (manchmal auch bloße Verstärkung): *āpajjati* erlangt; *ājānāti* lernt, kennt
ati-	über, darüber hinaus: *atikkamati* überscheitet; *atikkhippaṃ* zu schnell
adhi-	hin, zu: *adhigacchati* gelangt (zu), erlangt
anu-	nach, dahinter: *anucarati* geht nach, folgt, *anudisaṃ* in alle Richtungen
apa-	weg, fort: *apaneti* führt weg
abhi-	zu, über (manchmal auch bloße Verstärkung): *abhivaḍḍhati* nimmt zu; *abhiñña* gelehrt
ava (o)-	ab, weg, herunter: *avasarati* geht hinunter; *oharati* nimmt weg
u(d)-	auf, herauf: *ukkujjati* stellt auf
upa-	bei: *upaṭṭhahati* steht dabei
ni-	nieder, hinunter, hinaus: *nipajjati* legt sich nieder
pa-	aus, weg, fort: *pasāreti* streckt aus; *pajahati* gibt auf

paṭi-	zurück, entgegen: *paṭisarati* erinnert sich, denkt zurück
pari-	herum, ringsum (manchmal auch bloße Verstärkung): *parivasati* lebt unter/inmitten von; *parihaṭṭha* hocherfreut
vi-	weg, zer-, ver-: *vigacchati* geht auseinander; *vicikicchā* Zweifel
saṃ(san)-	zusammen (manchmal auch bloße Verstärkung): *saṃyutta* verbunden mit; *santuṭṭhi* Zufriedenheit

Tabelle 2: *a*-Deklination

Beispiel:
puriso (m.) Mann

	Singular	Plural
Nom.	*puriso*	*purisā*
Gen.	*purisassa*	*purisānaṃ*
Dat.	*purisassa, purisāya*	*purisānaṃ*
Akk.	*purisaṃ*	*purise*
Vok.	*purisa*	*purisā*
I.	*purisena*	*purisehi*
Abl.	*purisā, purisato purisasmā, purisamhā*	*purisehi*
Lok.	*purise, purisasmiṃ, purisamhi*	*purisesu*

Beispiel:
yānaṃ (n.) Wagen

Die Deklinationsformen der sächlichen Substantive sind die gleichen wie bei den männlichen Substantiven mit folgenden Ausnahmen:

Der Nominativ lautet:
im Singular *yānaṃ*
im Plural *yānāni,*
Der Akkusativ im Singular und Plural ist mit dem Nominativ identisch.

Zu dem Wort *kammaṃ* gibt es eine Nebenform mit dem konsonantischen Stamm *-an.* Ihre Formen im Singular sind *kamma* (Nom. u. Akk.) *kammuno* (Gen. u. Dat.), *kammunā* und *kammanā* (I.), *kammā* (Abl.), *kammani* (Lok.). Die Pluralformen sind mit der *a*-Deklination identisch.

Tabelle 3: *ā*-Deklination

Beispiel:
vedanā (f.) Gefühl

	Singular	Plural
Nom.	*vedanā*	*vedanā, vedanāyo*
Gen./Dat	*vedanāya*	*vedanānaṃ*
Akk.	*vedanaṃ*	*vedanā, vedanāyo*
Vok.	*vedane*	*vedanāyo*
I.	*vedanāya*	*vedanāhi*
Abl.	*vedanāya*	*vedanāhi*
Lok.	*vedanāya, vedanāyaṃ*	*vedanāsu*

Tabelle 4: *i*-Deklination der männlichen und sächlichen Substantive

Beispiel:
aggi (m.) Feuer

	Singular	Plural
Nom.	*aggi*	*aggī, aggayo*

	Singular	Plural
Gen.	*aggino, aggissa,*	*aggīnaṃ*
Dat.	*aggino, aggissa*	*aggīnaṃ*
Akk.	*aggiṃ*	*aggī, aggayo*
I.	*agginā*	*aggīhi*
Abl.	*agginā, aggismā, aggimhā*	*aggīhi*
Lok.	*aggini, aggismiṃ, aggimhi*	*aggīsu*

Der Vokativ ist hier wie auch bei den folgenden Deklinationen (mit Ausnahme des männlichen *u*-Stammes und einiger Konsonantendeklinationen, siehe dort) mit dem Nominativ identisch und wird daher nicht gesondert aufgeführt.

Beispiel:
akkhi (n.) Auge

Die Deklinationsformen der sächlichen Substantive sind die gleichen wie bei den männlichen Substantiven mit folgenden Ausnahmen:

Der Nominativ lautet:
im Singular *akkhi* oder *akkhiṃ,*
im Plural *akkhī* oder *akkhīni,*
Der Akkusativ im Singular und Plural ist identisch mit dem Nominativ.

Tabelle 5: *u*-Deklination der männlichen und sächlichen Substantive

Beispiel:
bhikkhu (m.) Mönch

	Singular	Plural
Nom.	*bhikkhu*	*bhikkhū, bhikkhavo*
Gen.	*bhikkhuno, bhikkhussa*	*bhikkhūnaṃ*
Dat.	*bhikkhuno, bhikkhussa*	*bhikkhūnaṃ*
Akk.	*bhikkhuṃ, bhikkhunaṃ*	*bhikkhū, bhikkhavo*
Vok.	*bhikkhu*	*bhikkhū, bhikkhave, bhikkhavo*
I.	*bhikkhunā*	*bhikkhūhi, bhikkhūbhi*
Abl.	*bhikkhunā, bhikkhusmā bhikkhumhā, bhikkhuto*	*bhikkhūhi, bhikkhūbhi*
Lok.	*bhikkhusmiṃ, bhikkhumhi*	*bhikkhūsu*

Beispiel:
vatthu (n.) Ort, Ding

Die Formen der sächlichen Substantive sind identisch mit denen der männlichen mit folgenden Ausnahmen:

Nom. und Akk. Sing. *vatthu* oder *vatthuṃ,*
Nom. und Akk. Plural *vatthūni* oder *vatthū*

Tabelle 6: *i*- und *u*-Deklination der weiblichen Substantive

Beispiel:
iddhi (f.) Macht

	Singular	Plural
Nom.	*iddhi*	*iddhī, iddhiyo*
Gen./Dat.	*iddhiyā*	*iddhīnaṃ*
Akk.	*iddhiṃ*	*iddhī, iddhiyo*
I.	*iddhiyā*	*iddhīhi*

Abl.	*iddhiyā*	*iddhīhi*
Lok.	*iddhiyā, iddhiyaṃ*	*iddhīsu*

Die weiblichen Substantive auf *-u* haben die gleichen Endungen unter Ersetzung des *-i-* der Endsilbe durch *-u-*.

Tabelle 7: Deklination der Stämme auf *-ant*

Beispiel:

bhagavant Erhabener

	Singular	Plural
Nom.	*bhagavā*	*bhagavanto*
Gen./Dat.	*bhagavato*	*bhagavantānaṃ, bhagavantaṃ*
Akk.	*bhagavantaṃ*	*bhagavanto*
I.	*bhagavatā*	*bhagavantehi*
Abl.	*bhagavatā*	*bhagavantehi*
Lok.	*bhagavati*	*bhagavantesu*

Der Vokativ ist nicht üblich, statt dessen wird die Anrede *„bhante" („bhadante")* gebraucht.

Tabelle 8: Deklination der Stämme auf *-ar*

Beispiel:

satthar Lehrer

	Singular	Plural
Nom.	*satthā*	*satthāro*
Gen./Dat.	*satthu, satthussa, satthuno*	*satthārānaṃ, satthūnaṃ, satthānaṃ*
Akk.	*satthāraṃ, sattharaṃ*	*satthāro, satthāre*
Vok.	*satthe, satthā*	*satthāro*
I.	*satthārā, satthunā*	*satthārehi, satthūhi*

Abl.	*satthārā, satthunā*	*satthārehi, satthūhi*
Lok.	*satthari*	*satthāresu, satthūsu*

Beispiel:

pitar Vater

	Singular	Plural
Nom.	*pitā*	*pitaro*
Gen./Dat.	*pitu, pitussa, pituno*	*pitarānaṃ, pitūnaṃ, pitunnaṃ*
Akk.	*pitaraṃ, pituṃ*	*pitaro, pitū*
I.	*pitarā, pitunā*	*pitarehi, pitūhi*
Abl.	*pitarā, pitunā, pitu*	*pitarehi, pitūhi*
Lok.	*pitari*	*pitaresu, pitūsu*

Als Vokativ werden verwendet „*deva*" oder „*tāta*".

Beispiel:
mātar Mutter

	Singular	Plural
Nom.	*mātā*	*mātaro, mātā*
Gen.	*mātu, mātuyā, mātussa*	*mātarānaṃ, mātānaṃ, mātūnaṃ*
Dat.	*mātu, mātuyā, mātussa*	*mātarānaṃ, mātānaṃ, mātūnaṃ*
Akk.	*mātaraṃ*	*mātaro*
I.	*mātarā, mātuyā*	*mātarehi, mātūhi*
Abl.	*mātarā, mātuyā*	*mātarehi, mātūhi*
Lok.	*mātari, mātuyaṃ*	*mātāresu, mātūsu*

Tabelle 9: Deklination von ***attan*** selbst, Selbst

	Singular	Plural
Nom.	*attā*	*attāno, attā*
Gen./Dat.	*attano, attassa*	*attānaṃ, attanaṃ*
Akk.	*attānaṃ, attaṃ*	*attāno, atte*
I.	*attanā, attena*	*attanehi, attehi*
Abl.	*attanā, attasmā, attamhā*	*attanehi, attehi*
Lok.	*attani, attasmiṃ, attamhi*	*attanesu*

Ebenso wird dekliniert *addhan* Weg, Strecke, Zeit.

Tabelle 10: Deklination von ***brahman*** Brahma, höheres Wesen

	Singular	Plural
Nom.	*brahmā*	*brahmano, brahmā*
Gen./Dat.	*brahmuno, brahmassa*	*brahmunaṃ, brahmānaṃ*
Akk.	*brahmānaṃ, brahmaṃ*	*brahmāno*
Vok.	*brahme*	*brahmāno, brahmā*
I.	*brahmanā, brahmunā*	*brahmehi, brahmūhi*
Abl.	*brahmanā, brahmunā*	*brahmehi, brahmūhi*
Lok.	*brahmani, brahme*	*brahmesu*

Tabelle 11: Deklination von ***rājan*** König

	Singular	Plural
Nom.	*rājā*	*rājāno, rājā*
Gen./Dat.	*rājino, rājassa, rañño*	*raññaṃ, rājānaṃ, rājūnaṃ*
Akk.	*rājānaṃ, rājaṃ*	*rājāno*
I.	*rājinā, rājena, raññā*	*rājehi, rājūhi*
Abl.	*rājasmā, rājamhā, raññā, rājato*	*rājehi, rājuhi*
Lok.	*rājini, raññi, rañños*	*rājesu, rājūsu*

Der Vokativ von *rājan* ist nicht üblich, statt dessen wird „*mahā-rāja*"oder „*deva*" gebraucht.

Tabelle 12: Deklination von ***bhavant*** Herr, Ehrwürdiger

	Singular	Plural
Nom.	*bhavaṃ*	*bhavanto, bhonto*
Gen./Dat.	*bhoto, bhavato*	*bhavantānaṃ, bhavantaṃ*
Akk.	*bhavantaṃ*	*bhavante, bhonte*
Vok.	*bho*	*bhonto*
I.	*bhotā, bhavatā*	*bhavantehi*
Abl.	*bhotā, bhavatā*	*bhavantehi*
Lok.	*bhoti, bhavati*	*bhavantesu*

Tabelle 13: Deklination von ***ahaṃ*** ich und ***mayaṃ*** wir

	Singular	Plural
Nom.	*ahaṃ*	*mayaṃ, amhe*
Gen./Dat.	*mama, mayhaṃ, me*	*amhākaṃ, no*
Akk.	*maṃ, me*	*amhe, no*
I.	*mayā, me*	*amhehi, no*
Abl.	*mayā, me*	*amhehi, no*
Lok.	*mayi, me*	*amhesu, no*

Tabelle 14: Deklination von ***tvaṃ*** du und ***tumhe*** ihr

	Singular	Plural
Nom.	*tvaṃ*	*tumhe*
Gen./Dat.	*tava, tuyhaṃ, te*	*tumhākaṃ, vo*
Akk.	*taṃ, tvaṃ, te*	*tumhe, vo*
I.	*tayā, te*	*tumhehi, vo*
Abl.	*tayā, te*	*tumhehi, vo*
Lok.	*tayi, te*	*tumhesu, vo*

Tabelle 15: Deklination von ***so*** **(*sa*)** er und ***te*** sie (Pl. m.)

	Singular	Plural
Nom.	*so (sa)*	*te*
Gen./Dat.	*tassa*	*tesaṃ*
Akk.	*taṃ*	*te*
I.	*tena*	*tehi*
Abl.	*tasmā, tamhā*	*tehi*
Lok.	*tasmiṃ, tamhi*	*tesu*

Tabelle 16: Deklination von ***sā*** sie (Sing. f.) und ***tā, tāyo*** sie (Pl. f.)

	Singular	Plural
Nom.	*sā*	*tā, tāyo*
Gen./Dat.	*tāya, tassā*	*tāsaṃ*
Akk.	*taṃ*	*tā, tāyo*
I.	*tāya*	*tāhi*
Abl.	*tāya*	*tāhi*
Lok.	*tāyaṃ, tassaṃ, tasaṃ, tissaṃ*	*tāsu*

Tabelle 17: Deklination von ***taṃ(tad)*** es und ***tāni*** sie (Pl. n.)

	Singular	Plural
Nom.	*taṃ (tad)*	*tāni*
Gen./Dat.	*tassa*	*tesaṃ*
Akk.	*taṃ (tad)*	*tāni*
I.	*tena*	*tehi*
Abl.	*tasmā, tamhā*	*tehi*
Lok.	*tasmiṃ, tamhi*	*tesu*

Tabelle 18: Deklination von ***ayaṃ*** dieser (Sing. m.) und ***ime*** diese (Pl. m.)

	Singular	Plural
Nom.	*ayaṃ*	*ime*
Gen./Dat.	*assa, imassa*	*imesaṃ*
Akk.	*imaṃ*	*ime*
I.	*iminā*	*imehi*
Abl.	*imasmā, imamhā*	*imehi*
Lok.	*imasmiṃ, imamhi*	*imesu*

Tabelle 19: Deklination von ***ayaṃ*** diese (Sing. f.) und ***imā, imāyo*** diese (Pl. f.)

	Singular	Plural
Nom.	*ayaṃ*	*imā, imāyo*
Gen./Dat.	*assā, imissā*	*imāsaṃ*
Akk.	*imaṃ*	*imā, imāyo*
I.	*imāya*	*imāhi*
Abl.	*imāya*	*imāhi*
Lok.	*imāya*	*imāsu*

Die Formen für ***idaṃ, imaṃ*** dieses und ***imāni*** diese (Pl. n.) entsprechen den männlichen Formen von *ayaṃ* mit Ausnahme des Nominativs und des gleichlautenden Akkusativs.

Tabelle 20: Deklination des Interrogativpronomens ***ko, kā, kiṃ*** welche/r/s, wer/was?

	Singular			Plural		
	m.	*f.*	*n.*	*m.*	*f.*	*n.*
Nom.	*ko*	*kā*	*kiṃ*	*ke*	*kā*	*kāni*
Gen./ Dat.	*kassa, kissa*	*kassā*	*kassa, kissa*	*kesaṃ*	*kāsaṃ*	*kesaṃ*
Akk.	*kaṃ*	*kaṃ*	*kiṃ*	*ke*	*kā*	*kāni*
I.	*kena*	*kāya*	*kena*	*kehi*	*kāhi*	*kehi*
Abl.	*kasmā, kamhā*	*kāya, kassā*	*kasmā, kamhā*	*kehi*	*kāhi*	*kehi*
Lok.	*kasmiṃ, kismiṃ,k amhi, kimhi*	*kassaṃ, kāyaṃ*	*kasmiṃ, kismiṃ, kamhi, kimhi*	*kesu*	*kāsu*	*kesu*

Tabelle 21: Deklination von ***eka*** eins, ein/e/r

	Singular			Plural		
	m.	n.	f.	m.	n.	f.
Nom.	*eko*	*ekaṃ*	*ekā*	*eke*	*ekāni*	*ekā*
Gen./ Dat.	*ekassa*	*ekassa*	*ekissā*	*ekesaṃ*	*ekesaṃ*	*ekāsaṃ*
Akk.	*ekaṃ*	*ekaṃ*	*ekaṃ*	*eke*	*ekāni*	*ekā*
I.	*ekena*	*ekena*	*ekāya*	*ekehi*	*ekehi*	*ekāhi*
Abl.	*ekasmā, ekamhā*	*ekasmā, ekamhā*	*ekāya*	*ekehi*	*ekehi*	*ekāhi*
Lok.	*ekasmiṃ, ekamhi*	*ekasmiṃ ekamhi*	*ekissaṃ, ekāya*	*ekesu*	*ekesu*	*ekāsu*

Tabelle 22: Deklination von *dvi* zwei

Die Formen sind für alle drei Geschlechter gleich.

Nom.	*dve*
Gen./Dat.	*dvinnaṃ*
Akk.	*dve*
I.	*dvīhi*
Abl.	*dvīhi*
Lok.	*dvīsu*

Tabelle 23: Deklination von *ti* drei

	m.	n.	f.
Nom./Akk.	*tayo*	*tīṇi*	*tisso*
Gen./Dat.	*tiṇṇaṃ*		*tissannaṃ, tissaṃ*
I./Abl.	*tīhi*		*tīhi*
Lok.	*tīsu*		*tīsu*

Teil IV: Wörterverzeichnis

Das folgende Wörterverzeichnis ist als Hilfsmittel für die Übersetzung der im Buch enthaltenen Textbeispiele konzipiert worden. Es enthält darüber hinaus weitere, in den Lehrreden häufiger vorkommende Begriffe, kann aber ein vollständiges Wörterbuch nicht ersetzen. Als ein solches kommt an erster Stelle das in der Einleitung genannte Wörterbuch von Mylius in Betracht. Auch auf die englischsprachigen Zusammenstellungen, das CPD (A Critical Pāli Dictionary, begründet von Trenckner – noch unvollständig), das PED (The Pāli Text Society´s Pāli-English Dictionary)[17] und das Concise Pāli-English Dictionary (von Buddhadatta) sei hingewiesen.

Für den mit diesem Lehrbuch angesprochenen Leser werden allerdings Verzeichnisse, die sich von rein sprachlichen Gesichtspunkten leiten lassen, nicht genügen. Wer hinter dem jeweiligen Ausdruck der Alltagssprache den speziell religiösen (buddhistischen) Gehalt der Wörter sucht, die vom Buddha zur Vermittlung existenzieller Wahrheiten benutzt wurden, wird ohne das „Kleine(s) Lesewörterbuch zur Pālisprache“ von Hellmuth Hecker (Stammbach 2003), das auch etymologische Zusammenhänge erklärt, nicht auskommen.

Bei dem nachfolgenden Verzeichnis ist zu beachten, dass hier – abweichend von der Praxis der Lektionen 1 bis 15 – die deutsche Bedeutung der in der 3. Person Einzahl ausgedrückten Pāli-Verben durch den Infinitiv wiedergegeben wird.

Bloße Verneinungen (durch die Vorsilbe *a-*, bzw. *an-*, *ap-* usw.) wurden nur ausnahmsweise aufgenommen.

Grammatikalisch können die Wörter nach folgenden Gesichtspunkten zugeordnet werden:

---

[17] Inzwischen gibt es eine noch nicht vollständige Neuausgabe: Cone: „A Dictionary of Pāli“, Oxford 2001.

Substantive sind in der Nominativform aufgeführt, der sich in der *a*-Deklination ohne weiteres die Genuszugehörigkeit entnehmen lässt: *-o* männlich, *-ā* weiblich, *-aṃ* sächlich. Substantiven der *i*- und *u*-Deklinationen wird das Geschlecht jeweils in Klammern hinzugefügt, ebenso Substantiven mit Konsonantenendungen. Bei letzteren wird zusätzlich auf die Stammform hingewiesen. Von der Genusangabe wird dort abgesehen, wo die Geschlechtszugehörigkeit zweifelsfrei ist (z. B. *itthī* Frau und *bhātar* Bruder).

Adjektive (und als Adjektive gebrauchte PP.) sind an der Endung *-a* kenntlich, abgesehen von den wenigen Eigenschaftswörtern, die der konsonantischen oder der *i*- und *u*-Deklination folgen. Konsonantenendungen haben auch adjektivische Verbformen (*-ant, -aṃ* PPräs.) und Ableitungen von Substantiven (*-in*).

Nicht deklinierbare **Adverbien** sind i.d.R. solche, die den gleichen Wortcharakter auch im Deutschen haben.

Hinweise auf Herkunft und Wortart werden im Folgenden nur dort angegeben, wo ihr Fehlen zu Missverständnissen führen könnte.

In vielen Fällen lässt sich aus den Angaben für ein bestimmtes Wort (Substantiv, Adjektiv oder Verb) auch die Bedeutung einer nicht im Wörterverzeichnis aufgeführten anderen Wortart entnehmen. Bei Wörtern, die aus einem Grundwort und einem Präfix (vgl. Teil III, Tab. 1) bestehen, empfiehlt es sich, auch allein bei dem Grundwort oder bei einer Verbindung mit einem anderen Präfix nachzusuchen.

Von Fürwörtern und Zahlwörtern sind nicht alle Deklinationsformen angegeben. Ergänzend können die Tabellen 13 bis 23 in Teil III herangezogen werden.

Beim Nachschlagen ist zu berücksichtigen, dass die Wörter in der Reihenfolge der für Pāli (und die übrigen indischen Sprachen) maßgeblichen Buchstabenordnung aufgeführt sind:

a, ā, i, ī, u, ū, e, o, ṃ
k, kh, g, gh, ṅ,
c, ch, j, jh, ñ,
ṭ, ṭh, ḍ, ḍh, ṇ
t, th, d, dh, n,
p, ph, b, bh, m
y, r, l, ḷ, v
s, h

a-	nicht-, un-
akaraṇīya	unmöglich; unbesiegbar
akālika	zeitlos
akusala	schlecht, unheilsam
akkosati	beschimpfen, beleidigen
akkhāti	erzählen, verkünden
akkhi, akkhiṃ (n.)	Auge
agāraṃ	Haus, Heim
aggi (m.)	Feuer
agge (Adv.)	seit
aggo	Spitze, Höchstes
aṅgaṃ	Glied
aṅguli (f.)	Finger, Zeh
acelo	Nacktgeher (nackter Asket)
accayena (mit Gen.)	nach (zeitlich)
accī (acci) (f.)	Flamme
acchariya	überraschend
acchādeti	sich ankleiden
ajo	Ziegenbock
ajja	heute
ajjatanāya	für den heutigen Tag
ajjhatta	(der/die/das) innere
ajjhattaṃ (Adv.)	innerlich
ajjhāvasati	(be-) wohnen, leben
ajjhokāso (Lok. *ajjhokāse*)	freier Raum
añña (Pron.)	(der/die/das) andere
aññatara (Adj.)	einer, ein gewisser
aññatra (Adv.)	außer

aññathā (Adv.)	anders, sonst
aññadatthu (Adv.)	absolut, universell
aññā	Wissen, (höchste) Erkenntnis
aññātā (m.) (Nom. v. *aññātar*) Kenner	
aññāto	Fremder
aññena aññaṃ (Adv.)	widersprüchlich, zusammenhanglos, („von einem zum anderen")
aṭṭha	acht
aṭṭhādasa	achtzehn
aṭṭhānaṃ (vijjati)	unmöglich (ist es)
aṭṭhāhaṃ	acht Tage lang
aṭṭhi (n.), *aṭṭhikaṃ*	Knochen
aḍḍha	reich
aḍḍhamāso	„halber Monat", zwei Wochen
aḍḍho	Hälfte; (als Adj.) halb
aṇu (m.)	Winzigkeit; (als Adj.) sehr klein, winzig
ati- (Präfix)	über, darüber hinaus, weiter
atigacchati	übertreffen, überwinden
atithi (m.)	Gast
atipātī (m.) (Nom. v. *atipātin*) Töter, Zerstörer	
atipāto	Töten
atibāḷhaṃ	zu viel
atimaññati	verachten
atimāno	Verachtung, Stolz
ativattati	vorübergehen; überwinden
ativelaṃ	sehr lang (zeitlich)
atīta	vergangen
atītaṃ addhānaṃ	in der Vergangenheit
ato	darüber hinaus; noch mehr
attadutiya	begleitet, in Begleitung von
attamana	erfreut, ermutigt
attā (m.) (Nom. v. *attan*) „Seele", Selbst; (als Pron.:) selbst, eigen	
atthagamo	Untergang
atthi	sein
atthika	geeignet, gewünscht, gebraucht

attho (auch: *aṭṭho*)	Zweck, Sinn, Bedeutung, Wunsch, Nutzen
atha	da, dann, darauf
aduṃ	jenes
addhaniya	ausdauernd
addhā (m.) (Nom. v. *addhan*)	Straße, Weg, Zeit
addhā	gewiss
adhana	arm
adhammo	falsche Lehre; Unrecht
adhi- (Präfix)	hin, zu
adhikaraṇaṃ	Angelegenheit, Streitsache
adhigacchati	erlangen, verstehen
adhigamo	Erwerb, Gewinn
adhimutta	neigend zu, hängend an
adhivacanaṃ	Bezeichnung
adhivattati	führen zu
adhivāseti	einwilligen, ertragen
adhunā	jetzt
adho	unten, hinab
anagāriyā	Hauslosigkeit, Heimatlosigkeit
anatīta	unausweichlich
anattamana	besorgt, verärgert
ananta	unendlich
anabhibhūta (PP.)	unüberwunden
anabhirati (f.)	Unzufriedenheit
anayo	Unglück
anavakāsa	unmöglich
anāgata	zukünftig
anicca	vergänglich, unbeständig
anu- (Präfix)	nach, dahinter, entlang, folgend
anuesin	suchend
anukampati	Mitleid haben mit
anugacchati	folgen
anugati (f.)	Nachfolge
anucaṅkamati	folgen, gehen
anucarati	entlang gehen, nachfolgen
anuttara	unvergleichlich, unübertroffen

anudisaṃ	in alle Richtungen, überallhin
anupādā (= *anupādāya*, Abs.)	ohne dass eine (zur Wiedergeburt führende) Anhaftung verbleibt
anupādisesa (Adj.)	ohne (verbleibende) Anhaftung
anubodho	Verstehen, Erwachen
anubhavati	empfinden, wahrnehmen
anubhāsati	nachsprechen, wiederholen
anumodati	sich freuen
anulomaṃ (Adv.)	geeignet, passend, richtig
anusāsati	belehren, unterrichten
anussarati	sich erinnern
aneka	viele
aneja	leidenschaftslos, unerschütterlich
aneḷaka	rein
anta	(der/die/das) letzte, unterste, endliche
antakiriyā	Beendigung, Erlösung
antamaso (Adv.)	sogar, selbst
antara (Adj.)	innerlich, dazwischen befindlich
antaradhāyati	verschwinden
antarā (Adv.)	dazwischen; in der Zwischenzeit
antarena (Adv., mit Gen.)	zwischen
antepuraṃ	Burg, Schloss, Harem
antevāsī (m.) (Nom. v. *antevāsin*)	Schüler, Lehrling
anto	Ende
andhakāro	Dunkelheit
annaṃ	Speise, Nahrung
anvad (eva)	hinter, nach
anvaya	übereinstimmend mit
apa- (Präfix)	weg, fort, ab
apagacchati	weggehen
apacco	Kind, Nachkommenschaft
apaneti	wegführen, entfernen
apara	(der/die/das) andere, nächste
aparaṃ	außerdem, ferner
apariyanta	grenzenlos, unbeschränkt
aparisesa	ohne Überrest, vollständig
apaloketi	betrachten

apavadati	tadeln
apāyo	Elend
apāraṃ	Diesseits
api	vielleicht? etwa (doch)?
api kho	denn, dennoch
api ca	außerdem
app´(= api)	
appa	klein, wenig
app´eva nāma	vielleicht doch; sicherlich
appamatta	aufmerksam
appamāṇa	unermesslich
appamādo	Eifer, Sorgfalt
apparajakkha	kaum mit Staub bedeckt, kaum verunreinigt
abāhiraṃ	ohne Ausnahme
abbhuta	wunderbar, erstaunlich
abbhokāso	offener Platz, freier Raum
abhabba	unfähig, ungeeignet
abhi- (Präfix)	hin, zu, heran
abhikkanta (PP. v. *abhikkamati*)	1. hervorragend, ausgezeichnet, herrlich 2. vorgeschritten, fortgeschritten
abhijānāti	(er-)kennen, entdecken
abhijjhā	Gier, Verlangen
abhijjhālu	begierig
abhiññā	(höhere) Erkenntnis, Einsicht durch Erfahrung
abhiṇhaṃ	häufig
abhinandati	sich freuen
abhinibbatti (f.)	Entstehung, (Wieder-)Geburt
abhibhavati	überwältigen, besiegen
abhibhū (Adj.)	beherrschend, überlegen
abhiraddha	beglückt, erfreut
abhivaḍḍhati	zunehmen
abhivassati	herabregnen
abhivādeti	(be-)grüßen, sich verabschieden

abhisaṅkharoti (*-saṃkharoti*)	durchführen, begehen, bereiten, zusammenfügen
abhisamayo	(vollkommenes) Verstehen
abhisamparāyo	künftige Existenz
abhisambuddha (PP.)	die Buddhaschaft erlangt, Buddha geworden
abhiseko	Weihe
amata	todlos
amataṃ	Todlosigkeit
amu(ka)	dies und das; der und der
amutra (Adv.)	dort; an anderem Ort; im Jenseits
ambo	Mangobaum
ambho	mein Herr! mein Lieber (herablassende Anrede)
ayaṃ	er, sie,; dieser, diese
ayyo	mein Herr! (höfliche Anrede)
ayoniso (Adv.)	oberflächlich, nicht gründlich
araññaṃ	Wald, Wildnis
arahā, arahaṃ (m.) (Nom v. *arahat / arahant*)	Vollkommener, Erlöster
arahati	gebühren, sollen, wert/würdig sein
ariya	edel, echt, wahr
ariyasāvako	„edler Jünger“ (der die Lehre kennt)
arūpin	formlos
alaṃ (Adv.)	genug
alla	nass
ava- (o-) (Präfix)	ab, weg, herunter
avasa	machtlos
avasesa, avasiṭṭha	übrig geblieben
avijjā	Unwissen, Wahn
avidūre (Adv.)	nicht fern
asīti (f.)	achtzig
asu (aduṃ)	jene/r/s
asuci	unrein, schmutzig, abscheulich
asubha	unschön, widerlich
asesa	vollständig, restlos
assavanatā	Unaufmerksamkeit, „Nichthören“

assasati	einatmen (so CPD, Bd., W., C,; dagegen PED, Myl.: „ausatmen“)
assādo	Schmecken; Genuss
assāso	Einatmung
assu	1. Opt. 3. Pers. Pl. v. *atthi* 2. Träne (n.) 3. (auch: *su*, *ssu*) (Füllwort) sicher, gewiss 4. (in Fragesätzen:) ist etwa?
asso	Ross, Pferd
ahaṃ	ich
ahiṃsā	Gewaltlosigkeit
ahitaṃ	Nachteil, Unheil
ā- (Präfix)	heran, zu
ākaṅkhati	wünschen
ākāso	Himmel
ākoṭeti	schlagen
āgacchati	kommen
āgameti	warten
āgamma (Abs. Adv.)	sich beziehend (auf)
ācariyo	Lehrer
ācikkhati	mitteilen, erklären, zeigen
ājānāti	lernen, verstehen
ātaṅko	Krankheit, Fieber
ātappaṃ (ātāpo)	Kraft, Energie
ātāpin	eifrig, unermüdlich
ātura	krank
ādadāti (ādāti)	ergreifen, nehmen
ādānaṃ	Ergreifen
ādi (m.)	Beginn, Anfang
ādiyati	nehmen
ādīnavo	Elend, Gefahr
ādhipateyyaṃ	Herrschaft
ānañcaṃ	Unendlichkeit
ānando	Freude
ānisaṃso	Segen, Nutzen, Vorteil
āpajjati	geraten (in); treffen (auf); machen

āpo (n. u. m.) (Nom. v. *āpas*) Wasser
ābādhika krank
ābādho Krankheit
āmanteti (jmd.) ansprechen; sich wenden (an)
āyatanaṃ Bereich
āyatiṃ in Zukunft
āyasmā (m.) (Nom. v. *āyasmant*) Ehrwürdiger
āyāti (eti) herbeikommen, sich nähern
āyāmo Länge
āyu (n.) Leben, Lebenszeit, Alter
āraññaka im Walde lebend
ārabbha (Adv.) in Bezug auf
ārādheti gefallen, erfreuen
ārāmo Garten, Kloster
āroga gesund
ārogyaṃ Gesundheit
āroceti erzählen, mitteilen
āropeti (Kaus. v. *ārohati*) wachsen lassen; bewirken; zeigen
ārohati (āruhati) wachsen; (be-)steigen, klettern
āloko Licht
āvata (āvaṭa) gehindert
āvasati wohnen, leben
āvasatho Raum, Aufenthaltsort
āvila trüb, schlammig
āvuso Herr! Bruder! Freund! (Anrede unter Gleichrangigen)
āsanaṃ Sitz
āsavo Einfluss, Beeinflussung, Trieb
āsiñcati bespritzen, begießen
āhanati schlagen
āharati holen, bringen, wegnehmen
āhāro Nahrung

icchati wünschen
iti (vor Vokalen oft *icc'*; meist zu *ti* verkürzt)
1. so, nämlich

	2. (Schluss einer Rede oder eines Gedankens)
ito	von hier an; im Vergleich zu diesem
itthaṃ	so, auf diese Weise
itthattaṃ	Hiersein, diese (jetzige) Welt
itthi (itthī)	Frau
idaṃ	es, dies
iddha	mächtig
idha	hier; in diesem Fall; nehmen wir an, dass ...; gesetzt den Fall, dass ...
indo	Indra (König der Götter)
indriyaṃ	Fähigkeit
iva (va)	wie
isi (m.)	Weiser
issaro	Gott, Herr
ukkujjati	aufrichten, aufrecht hinstellen
uggacchati	aufgehen (Sonne)
uggaṇhāti	annehmen, lernen
ucchindati	vernichten
uju	gerade, aufrecht
uṭṭhāti (= *uṭṭhahati*)	aufstehen, sich erheben
uṭṭhānaṃ	Aufstehen
utu (m.)	Jahreszeit
uttara (Adj.)	nördlich; höher, weiter, besser
uttari (Adv.)	jenseits, darüber hinaus, mehr
uttāna	ausgestreckt (liegend)
ud- (u-) (Präfix)	auf, herauf
udakaṃ	Wasser
udānaṃ	begeisterter Ausruf
udāhu	oder
uddeko	Rülpsen, Erbrechen
uddesika	in Bezug auf
uddeso	(belehrende) Zusammenfassung
uddhaṃ	oben, darüber
uddhaccaṃ	Aufgeregtheit, Unruhe
upa- (Präfix)	bei, hin, zu

upakkamati	(sich auf etw.) verlegen, beginnen; angreifen
-upaga	hinführend zu
upagacchati	gehen zu
upaṭṭhahati	dabei stehen; (jmd.) bedienen
upaṭṭhāko	Diener, Begleiter
upaṭṭhānaṃ	Bedienung, Aufwartung
upaṭṭhapeti (auch: *-āpeti*)	versorgen (mit etw.); (etw.) zurecht machen
upaḍḍha (auch: *-aṃ*)	halb
upaḍḍhapathaṃ	auf halbem Wege
upaḍḍhaṃ	Hälfte
upanissāya (Abs.)	abhängig von, gestützt auf
upapajjati	wiedergeboren werden
upamā	Gleichnis, Vergleich
upari (Adv.)	oben, oben auf
upasaṃharati	(Gedanken) richten (auf), sich (geistig etw.) vorstellen
upasaṅkamati	sich nähern
upasamo	Ruhe, Stille, Beruhigung
upasampadā	Ordensweihe
upādānaṃ	Anhaften
upāyāso	Elend, Verzweiflung
upāsako	Laienanhänger
upāsikā	Laienanhängerin
upek(k)hā	Gleichmut
uppajjati	entstehen, wiedergeboren werden
ubho	beide
ummatta	nicht bei Sinnen, verrückt
uyyānaṃ	Park
uḷāra	mächtig
ussado	Fülle, Überfluss
ussuka	eifrig
ussukkaṃ	Eifer, Streben
ussukkati	streben
eka	eins, ein, allein
ekaṃsa	gewiss, sicher

ekaṃsena (Adv.)	sicherlich, eindeutig
ekaka	allein, einsam
ekaggatā	geistige Konzentration
ekato (Adv.)	einerseits; gleichzeitig
ekattaṃ	Einheit; Einsamkeit
ekanta	äußerst
ekantikena (Adv.)	schließlich
ekameka	jede/r/s Einzelne
ekādasa	elf
ekūnavīsati	neunzehn
ekodibhāvo	geistige Sammlung, „Einspitzigkeit"
etarahi	nun, jetzt
etādisa	derartig, solch
eti	gehen; kommen (aus: *ā-eti*)
ettaka (Adj.)	sehr; genau so viel
ettāvatā (Adv.)	so viel, so weit
ettha	hier, in diesem Fall
enaṃ (Pron.)	ihn
eva (va, yeva)	nur, bloß, gerade
evaṃ	so; ja
evam eva	gerade so
eso	dieser
ehipassika	(selbst) überprüfbar, offensichtlich
o - (ava-) (Präfix)	ab, weg, herunter
okāro	Gemeinheit
okāso	Gelegenheit
okkamati	herabsteigen, herunterkommen
ogacchati	untergehen (Sonne)
ottappaṃ	Scham
odāta	hell, weiß
onīta (PP.)	zurückgezogen
onītapattapāṇi	(wtl.: die Hand vom Essgefäß zurück gezogen) nach Beendigung des Mahls
opanayika	nutzvoll, fruchtbringend, emporführend

opapātika	„spontan" (d.h. ohne körperlichen Geburtsvorgang) wiedergeboren
obhāso	Glanz, Lichtschein
orima	auf dieser Seite, nahe
orohati	herabsteigen
oloketi	sehen, betrachten
oḷārika	grob, grobstofflich
ovadati	belehren, ermahnen
ovādo	Belehrung
ovuta (ovuṭa)	gehindert

kaṅkhā	Zweifel
kacci	vielleicht? etwa doch? doch nicht?
kaṇha	schwarz, dunkel
katama	welcher?, wer (von mehreren)?
kati	wie viele?
kattā (m.) (Nom. v. *kattar*)	Macher
kattha	wo?
kathaṃ	wie? warum?
kathā	Gespräch, Erzählung, Worte
kathāsallāpo	Unterhaltung, Gespräch
katheti	erzählen
kadā	wann?
kadāci	von Zeit zu Zeit; dann und wann
kanta	erfreulich, schön
kamati	gehen
kamanīya	lieblich
kammaṃ	Arbeit, Handlung, Wirken
kammakkhayo	Vernichtung der Kammawirkungen
kammanto	Arbeit, Geschäft
kammāro	Schmied
karaṇīyaṃ	Pflicht, Geschäft
karahaci	irgendwann, manchmal
karuṇā	Mitgefühl, Mitleid
karoti	machen, tun
kalandako	Eichhörnchen
kalyāṇa	schön, gut

kalyāṇī	schönes Mädchen
kalla	gesund, fähig, richtig, passend
kasmā	warum? wofür?
kāmeti	lieben, begehren
kāmo	Liebe, Leidenschaft, Sinnenlust
kāyo	Körper
kālo	Zeit
kāḷa	schwarz, dunkel
kiṃ	welches? was? warum?
kiccaṃ	Geschäft, Angelegenheit, Pflicht
kicchaṃ	Schwierigkeit
kitti (f.)	(guter) Ruf, Ruhm
kira (Adv.)	wie man hört; angeblich; gewiss
kiriyā (kiriyaṃ)	Handlung
kilamati	ermüden
kileso	Schmutz, Befleckung
kīdisa	was für ein? welch?
kukkuccaṃ	Sorge, Zweifel
kucchi (f. u. m.)	Bauch, Mutterleib
kuṭī (f.)	Hütte
kuto	woher? warum?
kudā	wann?
kuppati	ärgerlich, zornig sein
kumārī	Mädchen, Prinzessin
kumāro	Junge, Prinz
kumbho	Topf
kulaṃ	Sippe, Geschlecht, Familie
kulaputto	Familiensohn
kusala	gut, heilsam
kusalaṃ	Gutes, Heilsames
kusīta	faul
kuhiṃ	wohin?
kūṭo	Spitze, Gipfel, Giebel
kevala	ganz, vollkommen
keso	(Kopf-) Haar
ko pana vādo	ganz zu schweigen von ...
kodho	Zorn

koso	Lagerhaus, Schatzkammer
khattā (m.) (Nom. v. *khattar*) Verwalter	
khattiyo	Krieger, Adeliger
khanti (f.)	Geduld, Duldsamkeit, Nachsicht
khandho	Gruppe, Menge, Haufen
khamati	dulden, vergeben, aushalten (Schmerzen)
khayo	Verfall, Untergang
khara	hart, rauh, heftig
khalu	allerdings, freilich
khādati	kauen, essen
khādanī(i)yaṃ	Essen, (feste) Nahrung
khāyati	(er-)scheinen
khipati	werfen
khippaṃ (Adv.)	schnell
khīṇa (PP. v. *khīyati*)	erschöpft, vernichtet
khudda	klein, gering
khettaṃ	Feld, Boden
khema	sicher
kho	nun, da

gacchati	gehen
gaṇo	Gruppe, Menge
gaṇhāti (gaṇhati)	ergreifen, nehmen
gati (f.)	Laufbahn, Lebensweg
gattaṃ	Glied
gandho	Geruch, Geruchssinn
gabbhinī	schwanger
-gama	gehend
gamanaṃ	Gehen
gambhīra	tief
gamma	gemein
garahati	tadeln, beschimpfen
garahā	Tadel, Missbilligung
garu	schwer, (ge-) wichtig
garukaroti	(ver-) ehren, schätzen
gavesati	suchen

gahaṇaṃ	Ergreifen, Festhalten
gahapati (m.)	Hausherr, Haushälter
gahapatiko	Hausherr, Haushälter
gāthā	Vers, Strophe
-gāmin	gehend
gāmo	Dorf
gāravo	Ehrfurcht, Achtung
gimhika	sommerlich, für den Sommer
giri (m.)	Berg
gilāna	krank
guṇaṃ	Strang, Schnur
gutta (PP.)	beschützt
gutti (f.)	Schutz
gelaññaṃ	Krankheit
gehaṃ	Haus, Gebäude
gocaro	Weideplatz
gottaṃ	Sippe
ghammo	Sommer
gharaṃ	Haus
ghātetā (m.) (Nom. v. *ghātetar*)	Veranlasser des Tötens
ghānaṃ	Nase
ca, ca ... ca	und
cakkaṃ	Rad
cakkavattī (m.) (Nom. v. *cakkhavattin*)	Weltherrscher
cakkhu (n.)	Auge
cakkhumant	Augen besitzend, sehen könnend
caṇḍa	wild, ungestüm
catu	vier
catuttha	ein Viertel
catuhaṃ	vier Tage lang
catta (PP.)	verlassen
cando (candimo)	Mond
-cara	sein Leben führend
caraṇaṃ	(gute) Lebensführung
carati	gehen, wandern; sich verhalten, (sein Leben) führen

carahi	dann, denn, daher
cariyā (cariyaṃ)	Lebensweise
cavati (PP. *cuta*)	schwinden, absinken (in der Existenzform)
cāgo	Verzicht, Aufgeben, Freigebigkeit
cārikā	Reise, Wanderung
cittaṃ	Geist, „Herz“
cira	lang (zeitlich)
ciraṃ (Adv.)	lange Zeit
cīvaraṃ	Robe
cuddasa	vierzehn
ce	wenn
cetanā	Absicht, Wille,Willensrichtung
ceto (n. u. m.) (Nom v. *cetas*) Gemüt von weiteren Formen sind nur Gen./Dat. (*cetaso*) u. I. (*cetasā*) gebräuchlich	
cha	sechs
chaḍḍeti	wegwerfen
chando	Wille
chindati (chijjati)	(ab-) schneiden
-ja	geboren (von)
-jacca	geboren (als)
jaṅghāvihāro	Spaziergang, Wanderung
janati	gebären, hervorbringen
jano	Person, Menschen (als Kollektiv)
janapado	Land
jara	alt
jarā	Altwerden, Alter
jahati (PP. *hīna*)	aufgeben, verlassen, verzichten
jātarūpaṃ	Gold
jāti (f.)	Geburt
-jātika	abstammend (von)
-jāta	geworden, geworden
jānapado	Landbewohner
jānāti	kennen, wissen

jāyati (Pass. v. *janati*)	geboren werden
jivhā	Zunge, Geschmackssinn
jīyati	alt, gebrechlich werden
jīvati	leben
jīvitaṃ	Leben
jīvo	Leben, Seele
jeguccha	widerwärtig
jeṭṭha	(der/die/das) ältere, älteste; bessere, beste
joti (m.)	Licht
jhānaṃ	(geistige) Vertiefung
jhāyati	brennen; sinnen, meditieren
ñāṇaṃ	(Er-) Kenntnis; Wissen
ñāti (m.)	Verwandter
ñāyo	Methode; (richtiger) Weg
-ṭha	stehend
ṭhānaṃ	Platz, Ort; Möglichkeit
-ṭhāyin	bleibend
ṭhiti (f.)	Dauer; Zustand
taṃ (Pron.)	es
taṃ (= *tvaṃ*) (Pron.)	du
takketi	erwägen, überlegen
taggha (Adv.)	sicher, gewiss
tajja	(auf etw.) gegründet; (zu jmd.) gehörend
taṇhā	Durst; Gier, Verlangen
tatiya	dritte
tato	von dort; danach; darum
tattha	dort
tathā	so, ebenso
tathāgato	„Sogegangener“ (Beiname des Buddha), Vollendeter
tad agge	seitdem, von da an
tadā	damals, dann
tanoti	dehnen, ausbreiten

tapati	brennen, heiß werden
tapo (n. u. m.) (Nom. v. *tapas*) Selbstqual (von Asketen)	
tayo	(Form v. *ti*) drei
tarati	hinüberschreiten; durchkreuzen, überwinden (Hindernis)
tasmā	deshalb
tāta (Vok. v. *tāto*)	(liebevolle Anrede) mein Vater! (auch zu anderen Personen)
tādisa	solch, derartig
tārakā	Stern
tāva	so viel, so weit
ti	(Anführungszeichen Ende)
ti	drei
tiṃsa	dreißig
tikkhattuṃ	dreimal
tiṭṭhati	stehen, warten
tiṇaṃ	Gras
tiṇha	scharf
titthaṃ	Furt, Strand
timisaṃ	Dunkelheit
tiracchāno	Tier
tiriyaṃ	waagerecht, quer
tiro- (Präfix)	durch
tisso	(Form v. *ti*)
tīṇi	(Form v. *ti*)
tīraṃ	Ufer
tīhaṃ	drei Tage lang
tuṭṭhi (f.)	Zufriedenheit
tuṇhī (Adv.)	schweigend
tumhe	ihr
te (Pron.)	sie (Pl. m.); dir (s. 6.2.1)
te (Art.)	die (Pl. m., s. 6.2.3. b)
tejo (n. u. m.) (Nom. v. *tejas*) Glut, Kraft	
tena (Pron.)	deshalb
tena hi	(aufmunternde Ermahnung:) also dann!, Jetzt aber!
telaṃ	Öl

telap(p)adīyo	Öllampe
teḷasa	dreizehn
tvaṃ	du
tv eva	1. (Verstärkung des vorher Gesagten) 2. aber, jedoch
thanaṃ	Brust
thambho	Pfosten, Pfeiler
thalaṃ	Festland
thāmo	Kraft
thīnaṃ	Trägheit, Kraftlosigkeit
thīnamiddhaṃ	geistige Schlaffheit; Beharren im Gewohnten
thūpo	Denkmal, Stupa
theyyaṃ	Diebstahl
thero	älterer Mönch
dakkha,	geschickt
dakkhati (*dakkhiti*)	sehen
dakkhiṇa	rechts; südlich
dakkhiṇā	Opfergabe
-dakkhin	sehend
daṇḍo	Stock; Strafe
dadāti (*deti*)	geben
damo	Zähmung, Selbstbeherrschung
damma	erziehbar
daliddiyaṃ	Armut
daḷha	stark, kräftig
dasa	zehn
-dasa	sehend, sichtbar
dassati	sehen
dassanaṃ	Sehen, Sicht, Meinung
dassanīya	sehenswert, schön
dahara	klein, jung, zart
dāta (m.) (Nom. v. *dātar*)	Geber
dānaṃ	Gabe
dāni	nun
dāyādo	Erbe

dāyo	Geschenk
dārako	Junge
dāro (auch *dārā*)	Ehefrau
dāsī	Sklavin
dāso	Sklave
diṭṭha	sichtbar
diṭṭhā	(Ausruf:) wunderbar! ausgezeichnet!
diṭṭhi (f.)	Ansicht, Meinung
-diṭṭhin	sehend, meinend
diṭṭhe ´va dhamme (auch: *diṭṭh' eva dhamme*)	(wtl.: im eben geschehenen Zustand) hier und jetzt; in diesem Leben
dibba	himmlisch, göttlich; feinkörperlich
divaṃ	1. Himmel, 2. Tag
divaso	Tag
divā	am Tage, bei Tag
divāseyyā	Tagesruheplatz
disā	Richtung; Gegend
dissati (Pass. v. *dassati*)	gesehen werden, erscheinen
dīgha	lang (zeitlich und räumlich)
dīghaṃ (Adv.)	lang
dīgharattaṃ (Adv.)	lang (zeitlich)
dīpo	Insel; Lampe
du- (Präfix)	schlecht, schwierig
dukkaraṃ	schwierige Aufgabe
dukkhaṃ	Unvollkommenheit, Leiden
dukkhin	betrübt, traurig
duggati (f.)	schlechte Laufbahn; Abstieg (in niedere Existenzformen)
duccaritaṃ	schlechter Lebenswandel
dutiya	zweite
duddassika	unansehnlich
dubbaṇṇa	hässlich
dubbalīkaraṇaṃ	Schwächung
dummana	bedrückt
dullabha	schwierig zu bekommen, selten
dussīlo	Mensch mit schlechtem Charakter

dūto	Bote
dura (Adj.)	fern
dūrato (Adv.)	von fern
dūrā (Adv.)	von fern
deyyaṃ	Geschenk
devatā	göttliches Wesen, Gottheit
devī	Königin
devo	Gott; König (höfliche Anrede)
desanā	Belehrung
deseti	(be-)lehren, zeigen
domanassaṃ	Traurigkeit, Niedergedrücktheit
dovāriko	Pförtner
doso	1. Hass, Zorn , 2. Falsches, Fehler, Mangel
dvādasa	zwölf
dvāraṃ	Tor, Tür
dvi	zwei
dvikkhattuṃ	zweimal
dvīhaṃ	zwei Tage lang
dhaññaṃ	Getreide
dhanaṃ	Geld, Reichtum
dhamma (f. *dhammī*)	lehrgemäß
dhammika	gerecht, rechtmäßig; geeignet
dhammo	Lehre; Wahrheit; Ding; Eigenschaft
dharati	halten, tragen
-dhara	haltend, tragend
dhātu (f.)	Gegebenheit, Element
dhāreti (Kaus. v. *dharati*)	tragen, (im Gedächtnis) behalten
dhuva	fest
na	nicht
na kiñci	nichts, gar nichts
na cirass' eva	bald schon
nakho	Fingernagel, Fußnagel
nagaraṃ	Stadt
natthu (f.)	Nase

nadī (f.) *(nadikā)*	Fluss
nanu	(Fragepartikel:) ist es nicht so? nicht wahr? oder etwa nicht?
nandati	sich freuen
namati	biegen; sich verbeugen
namo (Adv.)	(Verehrungsformel:) Heil dem ...!
nava	neun
nava	neu
navanītaṃ	Butter
navuti	neunzig
nassati	untergehen, verschwinden
nāgo	Schlange, Elefant, großes Wesen
nādo	Gebrüll, Lärm
nānattaṃ	Vielfalt, Unterschiedlichkeit
nānā (Adv.)	unterschiedlich, mannigfach
nāma (Adv.)	(verstärkend) in der Tat, wirklich
nāmaṃ	Name; Geistig-Seelisches (im Unterschied zum Körperlichen)
nāmarūpaṃ	Einheit aus Geist und Körper
nāvā	Boot, Schiff
ni- (Präfix)	nieder, hinunter, hinaus
nikkujjati	umstürzen
nikkhamati	hinausgehen, weggehen
nikkhipati	hinlegen
nikhaṇati (nikhanati)	vergraben
niggaṇhati	tadeln; hindern
nigamo	Kleinstadt, Markt
nicca	ewig
niṭṭhā	Abschluss, Vollendung
niṭṭhita	vollendet, fertig
nidānaṃ	Ursache, Bedingung
nipajjati	sich niederlegen
nipatati	hinfallen
nipāteti (Kaus. v. *nipatati*)	niederwerfen, fällen
nipuṇa	zart
nibbattati	entstehen
nibbatteti (Kaus. v. *nibbattati*)	erzeugen

nibbānaṃ Erlöschen; Erlösung
nibbindati (v. etw.) genug haben; überdrüssig sein
nibbeṭheti auseinander wickeln, erklären
nimanteti einladen, (Sitz) anbieten
nimittaṃ Vorzeichen, Bild, Vorstellung
nimmāta (m.) (Nom. v. *nimmātar*) Schöpfer
niyati (f.) Bestimmung, Schicksal
nirayo Unterwelt, Hölle
nirāmisa frei von sinnlichen Trieben
nirujjhati vernichtet werden, untergehen
nirutti (f.) Sprache, Ausdrucksweise
niruddha (PP. v. *nirujjhati*) vernichtet, aufgelöst, erlöst
nirodho Aufhören, Auflösung
nivāpo Futter, Futterplatz
nivāseti sich ankleiden
nivāso Wohnung; Existenz
nivuṭa (nivuta) gehemmt
nivesanaṃ Haus, Gebäude
nisajja (Abs. v. *nisīdati*) sich (nieder-) gesetzt habend
nisīdati sich niedersetzen
nisedho Hinderung, Verbot
nissaraṇaṃ Befreiung
nissāya gestützt (auf)
nīca niedrig, unterlegen
nīla blau
nīvaraṇam Hemmung, Hindernis
nīharati wegwerfen, beseitigen
nu ist etwa?
nekkhammaṃ Entsagung, Verzicht
neti (PP. *nīta*) führen
netti (f.) Leitung
nerayika höllisch
no 1. = verstärktes *na* : gewiss nicht!
2. Pron. (Form v. *mayaṃ* vgl. Teil III, Tab. 13)

pa- (Präfix)	weg, fort, vor
pakāseti	sichtbar machen, zeigen
pakka	reif
pakkamati	weggehen
pakkhāleti	waschen
pakkhī (m.) (Nom. v. *pakkhin*) Vogel	
pag eva	um wieviel mehr; geschweige denn
pacati	kochen; quälen
paccatta (Adj.)	individuell, persönlich
paccattaṃ (Adv.)	individuell, jeder für sich
paccatthiko	Feind
paccayo	Bedingung, Ursache
paccuggacchati	entgegengehen
paccuṭṭhāti	aufstehen
paccuttarati	wieder zurück kommen, heraus kommen
paccuppanna	gegenwärtig
pacchima	(der/die/das) letzte; westliche
pacchā	danach, zuletzt
pacchābhattaṃ	nach dem Essen, nach dem Mahl
pajahati	aufgeben, verzichten
pajā	Schöpfung (i.S. Brahmas), Menschengeschlecht
pajānāti	erkennen, wissen
pajjoto	Lampe
pañca	fünf
pañcama	fünfte
paññatta	bereit, bereit gestellt
paññā	Weisheit
paññāpeti	vorbereiten; bekannt machen
paññāsā (auch: *-āsaṃ*)	fünfzig
pañho	Frage
paṭi- (auch: *pati*) (Präfix) zurück, entgegen	
paṭigacc'eva	als Vorsichtsmaßnahme, vorsorglich
paṭigacchati	zurückgehen
paṭiggaṇhāti	annehmen
paṭigho	Widerwille, Widerstand

paṭicca (Adv.)	verursacht durch; wegen
paṭicchanna	verborgen
paṭijānāti	zustimmen, zugeben
paṭiññā	Einverständnis
paṭinissaggo	Verzicht, Entsagung
paṭipajjati	sich (auf etw.) einlassen, (etw.) betreiben
paṭipathaṃ	in entgegengesetzter Richtung; entgegenkommend
paṭipadā	Fortschritt, Vorgehen, Weg, Methode
paṭibhayaṃ	Angst, Schrecken
paṭibhāti	aufleuchten, erscheinen, einfallen (im Geist)
paṭibhāsati	antworten
paṭiyatta	vorbereitet, zubereitet
paṭiyādāpeti (Kaus. II, vgl. 8.4)	(jmd.) veranlassen, (etw.) vorbereiten/erledigen lassen
paṭirājā (m.) (Nom. v. *paṭirājan*)	feindlicher König
paṭirūpa	passend, geeignet
paṭilābho	Erwerb
paṭilomaṃ	in falscher Richtung, verkehrt
paṭivadati	antworten
paṭivedeti	mitteilen, berichten
paṭisaṃvedeti	fühlen
paṭisallānaṃ	Zurückgezogenheit
paṭisallīna	zurückgezogen, einsam
paṭisuṇāti	zustimmen
paṭisevati	üben, pflegen
paṭṭhānaṃ	Grundlage
paṭhama	erste
paṭhamaṃ	zuerst
paṭhāvī (f.)	Erde
paṇīta	ausgezeichnet, köstlich, erlesen
paṇḍita	weise
paṇḍito	Weiser, Gelehrter

pati (m.)	Herr, Gebieter
patiṭṭhahati (patiṭṭhāti)	fest stehen
patti (f.)	Erlangung, Zielerreichung
pattiko	Fußgänger, Fußsoldat
patto	(Ess-) Schale
patho	Straße, Weg
padaṃ	Fuß (-spur); Wort
padakkhiṇā	Rechtsumwandlung (Höflichkeitsgeste beim Begrüßen und beim Sich-Verabschieden)
padīpeyyaṃ	Lampe
padīpo	Lampe
padeso	Platz, Gegend
padoso	Zorn
padhānaṃ	Anstrengung
pana	aber, jedoch; nun
pantho	Straße
pappoti (pāpuṇāti)	erreichen
pabāḷha	heftig
pabbajati	das häusliche Leben aufgeben
pabbajjā	Aufgabe des häuslichen Lebens
pabbajito	jmd., der das häusliche Leben aufgab
pabbato	Berg
pabbājanā (auch: *-anaṃ*)	Verbannung
pabhā	Glanz, Leuchten
pamāṇaṃ	Maß
pamādo	Nachlässigkeit
payirupāsanaṃ	Verehrung
para (Adj.)	(der/die/das) andere; ferne, höchste, fremde, jenseitige
paraṃ (Adv.)	nach, danach
parakkamo	Anstrengung, Tapferkeit
parama (Adj.)	(der/die/das) höchste
parā- (Präfix)	weg, hin zu
parāyana (Adv.)	abhängig von; gerichtet auf
pari- (Präfix)	rund, herum, ringsum
parikkhayo	Erschöpfung, Verfall, Untergang

parigaṇhāti	ergreifen
paricca	rund herum, umfassend
parijegucho	Widerwille, Abscheu
pariṇata	verändert, entwickelt
pariṇāmo	Verdauung
paritassati	dürsten, verlangen (nach)
paritta	klein
paridahati	sich umgeben, bekleiden
paridevati	klagen
parinibbānaṃ	vollständiges Erlöschen (körperlicher Tod eines schon bei Lebzeiten Erlösten)
parinibbuta (PP.)	vollkommen erlöst
paripakka	vollreif
paripāko	Reifwerden
paripucchati	fragen, nachfragen
paripuṇṇa	vollständig, vollendet
paribbājako	Wanderer, Wanderasket, Pilger
paribhavati	missachten, verspotten
paribhāsati	verleumden
paribhuñjati	essen, genießen
parimukhaṃ	im Angesicht von; in Gegenwart von, vor
pariyatta	aufgefasst, verstanden; auswendig gelernt
pariyanta	umkreist, umgeben
pariyāyo	Lauf; Art und Weise; Reihe, Reihenfolge
pariyesati	suchen
pariyonaddha	eingeschlossen, umschlossen, bedeckt
pariyosānaṃ	Ende, Schluss
pariḷāho	Brennen, Gier, Leiden
parivaṭṭaṃ	Kreis, Umlauf
parivitakko	Denken, Nachdenken, Gedanke
parivisati	bedienen, bewirten
parisā	Versammlung, Gesellschaft
parisodheti	reinigen

parihānaṃ (auch: *parihāni* f.) Schwinden, Nachlassen

paro (Adv.)	mehr; darüber hinaus
palāpo	Geschwätz
palālaṃ	Stroh
palāso	Laub, Blätter
paloko	Verfall
pallaṅko	Sitzen mit gekreuzten Beinen
pavaḍḍhati	zunehmen
pavattati	in Gang kommen, entstehen
pavāreti	einladen, erlauben
pavisati	eintreten
pavedeti	bekannt machen
pasanna	vertrauend
pasādeti	besänftigen, beruhigen, befrieden
pasādo	Klarheit, Heiterkeit
pasāreti	ausstrecken
pasīdati	klar, heiter, zufrieden werden
pasuta	beschäftigt (mit)
passati	sehen
passasati	ausatmen (vgl. dazu *assasati*)
passo	Seite, Flanke
paharati	schlagen
pahānaṃ	Verzicht, Entsagung, Überwindung
pahitatta	entschlossen
pahūta	viel(e), zahlreich
pahoti	können
pāka	reif; gar gekocht
pācariyo	Lehrer des Lehrers
pāṭikaṅkha	wahrscheinlich
pāṇi (m.)	Hand
pāṇo	Atem, Leben, Lebewesen
pātarāso	Frühstück
pātu- (Präfix)	offenbar, sichtbar
pātubhāvo	Erscheinung, Offenbarung
pāto (Adv.)	am Morgen
pādo	Fuß
pānaṃ	Getränk, Trank

pānīyaṃ	Trinkwasser
pāpa(ka)	schlecht, böse
pāpimā (m.) (Nom. v. *pāpima(n)t*) „der Böse" (Maro)	
pāpuṇāti	erreichen, erlangen
pāraṃ (Adv.)	jenseits
pāripūri (f.)	Vollkommenheit
pārima	weiter entfernt; jenseits
pārisuddhi (f.)	Reinheit
pāsādika	lieblich
pāsādo	Palast
pi	auch, sogar
piṭṭhito	hinter
piṇḍo	Almosen, Almosenspeise
pitā (Nom. v. *pitar*)	Vater
pipāsita, pipāsin	durstig
piya	lieb
piḷakā	Pickel, Eitergeschwür
pivati	trinken
pisuṇa	verleumderisch, boshaft
pīta	gelb
pīṇeti	sich erfreuen, es sich gut gehen lassen
pīti (f.)	Freude, Glück, Begeisterung, Entzücken
puggalo	Person, Mensch
pucchati	fragen
puññaṃ	gute Tat, Verdienst
puṭo	Gepäck, Bedeckung, Hautüberzug
putto	Sohn
puthu	viele
puna	wieder
punabhavo	Wiedergeburt
pubba (Adj.)	früher
pubbaṇhasamayaṃ	morgens, vormittags
pubbaṇho	Morgen, Vormittag
pubbe (Adv.)	früher
purato	vor (örtlich)
puratthima	östlich

purāṇa	alt
puriso	Mann, Mensch, Person
pure	vor (zeitlich), vorher
pūjeti	(ver-) ehren
pūra	voll
pe (= peyyālaṃ)	und so weiter
-pe(k)kha	in der Absicht, mit dem Wunsch
pe(k)khati	hinschauen, beobachten
peto	Verstorbener, Jenseitiger („arme Seele"), (unglücklicher) Geist
pokkharaṇī (f.)	Lotusteich
ponobhavika	zur Wiedergeburt führend
pharati	durchdringen
pharusa	rau, grob, barsch
phalaṃ	Frucht
phasso	Berührung
phāsu	angenehm, bequem
phīta	wohlhabend
phusati	berühren, erreichen
bandhati	binden
balaṃ	Stärke, Kraft
balavant	stark, kräftig
bahiddhā (Adv.)	außerhalb
bahu(ka)	viel(e)
bahukāra	sehr nützlich
bahula	häufig, reichlich
bāla	närrisch, kindisch, töricht
bālo	Narr, Kind, Tor
bāḷha	stark, heftig
bāhā	Arm
bāhira	außerhalb, draußen
bāhu (m.)	Arm
biḷāro	Katze
bījaṃ	Saat
bījagāmo	Saatgut, Sämerei
buddha	erwacht

bodhi (f.) *bodho* Erwachen
brahmacariyaṃ „heiliges Leben", Reinheitsleben, Leben ohne Geschlechtsbeziehungen
brahmacārin ohne Geschlechtsbeziehungen lebend
brahmā (m.) (Nom. v. *brahman*) Brahma (höheres Wesen jenseits des Sinnesbereiches)
brāhmaṇī Brahmanenfrau
brāhmaṇo Brahmane (Angehöriger der höchsten Kaste)
bhagavā (m.) (Nom. v. *bhagavant*) „Erhabener" (Beiname des Buddha)
bhaginī Schwester
bhaṇati reden, erzählen
bhattaṃ Mahl, Essen
bhadante höfliche Anrede des Buddha (durch seine Mönche)
bhadda gut
bhaddaṃ viel Glück!
bhante höfliche Anrede des Buddha oder eines Mönches
bhabba fähig
bhayaṃ Gefahr, Schrecken, Furcht
bhavaṃ (m.) (Nom. v. *bhavant*) Herr! Ehrwürdiger
bhavaṃ viel Glück!
bhavati sein, existieren, werden
bhavo Werden, Sein, Existenz
bhāgo Teil
bhātar Bruder
bhāro Last
bhāvanā Entwicklung, Entfaltung
bhāvo Zustand, Verfassung, Werden, Entstehen
bhāsati sagen, sprechen
bhikkhu Mönch
bhikkhunī Nonne
bhindati zerbrechen, spalten
bhiyya (Adj.) mehr, größer

bhiyyo(so) (Adv.)	mehr, sehr, äußerst
bhuñjati	essen
-bhūta (PP. v. *bhavati*)	geworden
bhūtagāmo	Pflanzenreich, Flora
bhūtapubbaṃ	früher, einst, einmal
bhūto	Lebewesen
bhūmi (f.)	Erde
bhedanaṃ	Spaltung, Öffnung
bhedo	Spalten, Entzweiung
bhesajjaṃ	Arznei
bhogo	Reichtum
bhojanaṃ	Essen, Mahlzeit
bhojanī(i)yaṃ	(weiches) Essen
maggo	Weg
majjaṃ	berauschend
majjhima	(der/die/das) mittlere
majjha	inmitten, zwischen
maññati	meinen, denken
maññe	ich denke; es scheint so, als ob
maṇḍalaṃ	Kreis
mattā	Maß
madanīya	berauschend
mado	Rausch; berauschendes Getränk
madhu	süß
madhu (n.)	Honig
manasikāro	geistige Betrachtung
manāpa	angenehm
manusso	Mensch
mano (n. u. m.) (Nom. v. *manas*)	Geist, Denken
manomaya	geistig, durch Geist gestaltet
manteti	beraten, erörtern
manda	langsam, schwerfällig
-maya	bestehend aus; gemacht aus
mayaṃ	wir
maraṇaṃ	Tod
malaṃ	Schmutz

massu (n.)	Bart
mahā (Nom. m.) *mahatī* (Nom. f.) (v. *mahant*)	groß
mahallako	Alter, Greis
mahājano	Menschen(masse), Leute
mahābhūto	Element („große Gewordenheit")
mahāmatto	Minister
mahārājā (s. *rājā*)	
mā	nicht (bei verneinendem Imperativ)
māṇavo	junger Brahmane
mātā (Nom. v. *mātar*)	Mutter
mātugāmo (m.)	Frau (meist als Kollektivbegriff; oft negativ)
māneti	ehren
māno	Stolz, Arroganz
māraṇantika	zum Tode führend, lebensgefährlich
mālā	Kranz, (Schmuck-) Kette
māso	Monat
micchā (Adv.)	falsch, unrecht
mitto	Freund
middhaṃ	(geistige) Stumpfheit
missa	gemischt
mīyati	sterben
mukhaṃ	Mund
muñcati	befreien, (er-)lösen
muta (PP.)	wahrgenommen
mutti (f.)	Befreiung
muditā	Freude, Mitfreude
mudu	geschmeidig
muni (m.)	zurückgezogen lebender Weiser, „Schweiger"
musā (Adv.)	falsch, lügnerisch
muhuttaṃ	Augenblick, Moment
mūlaṃ	Wurzel
mūḷha	verirrt, verwirrt
megho	Wolke
mettā	(nichtsinnliche) Liebe

methuna	sinnlich, sexuell
medhāvin	klug, weise
mogha	falsch, leer, sinnlos
moho	Verblendung
yad, yaṃ, yena	(persönliche Fürwörter, s. Lektion 6)
yad agge	seit
yan nūna	was (aber) wenn? wie wenn?
yakkho	(böser oder mutwilliger) Geist
yañño	Opfer
yato	wenn; weil; wovon; seitdem; da ja; insofern
yattha	wo
yatra	wo
yathā	wie
yathā kathaṃ	auf welche Weise
yathākata	üblich
yathābalaṃ	je nach Fähigkeit, je nach Kräften
yathābhirantaṃ	nach Belieben
yathābhūtaṃ	wie es in Wirklichkeit ist, der Wirklichkeit gemäß
yathāsake	jeder nach seinem Verständnis, nach seiner Art
yadā	wenn (i.S. v. sobald)
yadi	wenn (i.S. v. falls); ob
yaso (n. u. m.) (Nom. v. *yasas*)	Ruhm, Ansehen
yasmā	weil
yassasin	angesehen, geachtet
yācati	(er-) bitten
yācanaṃ	Bitte, Verlangen
yānaṃ	Fahrzeug, Wagen
yāmo	dreistündiger Nachtwachenabschnitt
yāva	soweit als; bis
yāvajīvaṃ	lebenslang
yāvataka (Adj.)	so weit als, so viel wie; genau so
yugaṃ (yogaṃ)	Joch
yena	in Richtung auf, zu

yojanaṃ Längenmaß
yoni (f.) Schoß, Mutterleib
yoniso (Adv.) gründlich
yobbanaṃ Jugend

rakkhā Sicherheit
rajataṃ Silber
rajati (sich) färben
rajanīya erregend
rajo (n. u. m.) (Nom. v. *rajas*) Staub
rajjaṃ Königreich
rajjati entzückt sein (über etw.)
rajju (f.) Seil
ratanaṃ Juwel, Edelstein
ratti (f.) Nacht
ratho Karren, Wagen
ramaṇīya reizend, schön
ramati sich freuen, sich vergnügen
raso Geschmack, Delikatesse
rassa kurz
rassaṃ (Adv.) kurz, in Kürze
rahogata einsam, zurückgezogen
rāgo Gier, Begehren
rājaputto Königssohn, Prinz
rājā (Nom. v. *rājan*) König
rāmaṇeyyaka angenehm, reizend, lieblich
rukkho Baum
rudati (*rodati*) weinen
-rūpa -förmig, -artig
rūpaṃ Form; Körperliches; Materie
rūhati (*rohati*) wachsen, besteigen
rogo Krankheit
ropeti (Kaus. v. *rūhati*) wachsen lassen, pflanzen; fördern

lakkhaṇaṃ Merkmal, Charakteristikum
labbha (Adj.) möglich
labhati erlangen, erreichen

labbhā (Adv.)	möglich
lahu	leicht
lābho	Gewinn
liṅgaṃ	Kennzeichen; männliches Glied
luḷita	aufgewühlt
loko	Welt, Menschen, Universum
lomaṃ	(Körper-) Haar
lohita	rot
lohitaṃ	Blut
va (= *eva*)	nur, bloß, gerade; gewiss
va (= *viya, iva*)	wie
vacanaṃ	Sprechen, Äußerung
vañceti	täuschen, betrügen
vaṭṭati	sich drehen
vaṭṭī (vaṭṭi) (f.)	Docht
vaṇṇavant	schön
vaṇṇo	Farbe, Schönheit, Ruhm
vata	(Ausruf:) ach! sicher!
vattati	geschehen; vorgehen, verfahren
vattaṃ	Vorgehen; Angelegenheit
vatthaṃ	Kleidung
vatthu (n.)	Platz, Stellung, Ding
vadati	sprechen
vadhū	junge Frau, Braut
vadho	Hinrichtung
vanaṃ	Wald
vanasaṇḍo	Walddickicht
vandati	(be-)grüßen, ehren
vayo (n. u. m.) (Nom. v. *vāyas*)	Lebensalter
vayo	Verlust
vasati	sich aufhalten, wohnen
vaso	Herrschaft, Gewalt
vassaṃ	Regen, Regenzeit, Jahr
vā	oder
vācā	Sprache, Wort, Rede
-vādin	behauptend, argumentierend

vādo	Rede, Diskussion, Lehre
vāma	links
vāyāmo	Anstrengung, (geistiges) Kämpfen
vāyu (*vāyo*) (n. u. m.) (Nom. v. *vayas*)	Wind, Luft
vāri (n.)	Wasser
vāreti	zurückhalten, hindern
vāso	Aufenthaltsort, Lager
vi- (Präfix)	weg, auseinander, zer-, ver-
vigita-	ohne, frei von
viggaho	Streit
vicāreti	erwägen, sinnen, prüfen
vicāro	Überlegen, Erwägen
vicikicchati	im Unklaren sein, zweifeln
vicikicchā	Ungewissheit, Zweifel
vijānāti	erkennen
vijjati (Pass. v. *vindati*)	vorhanden, möglich sein
vijjā	Wissen
viññāṇaṃ	Fähigkeit zu erkennen und der Drang, diese Erkenntnis anzuwenden (der oft gebrauchte Begriff „Bewusstsein" gibt diesen zweiten Aspekt nicht wieder), Bewusstseinslauf
viññū (m.)	Kundiger, Weiser
vitakketi	denken
vitakko	Denken
vitthāro	Breite, Umfang, Ausführlichkeit
vinayo	Zucht; Ordensdisziplin
vindati	finden, erwerben
vipatti (f.)	Fehlschlag
vipanna (PP.)	fehlgeschlagen, ohne Erfolg
vipariṇāmeti	verändern
vipāko	Frucht, Ergebnis
vipula	umfangreich, ausgedehnt
vippaṭisāro	Reue, Bedauern
vippaṭisārin	reuevoll
vimati (f.)	Unsicherheit
vimala	unbefleckt, frei von Schmutz

vimuccati frei werden, erlöst werden
vimutti Befreiung, Erlösung
viya wie
virāgo Abwendung, Entreizung, Entsüchtung
viriyaṃ Energie, Kraft
virūḷhi (f.) Wachstum
vivaṭṭati zurückgehen; (eine Weltperiode) neu beginnen
vivarati öffnen, enthüllen, aufdecken
vivādo Streit
vivicca (Abs. v. *viviccati* sich trennen) sich getrennt, gelöst habend (von)
vivitta (PP. v. *viviccati*) getrennt, gelöst (von)
viveko Abgesondertsein, Einsamkeit
visaṃ Gift
visada klar, sauber
visārada selbstbewusst
visuddhi (f.) Reinheit
visodheti rein werden; reinigen
vihanati (zer-)schlagen, zerstören, töten
vihaññati (Pass. v. *vihanati*) auch: in Wut geraten; entmutigt werden
vihāro Aufenthaltsort; Zustand; Kloster
vihiṃsā, vihesā Schädigung, Verletzung
viheṭheti ärgern, belästigen
vījati fächeln
vītisāreti Gedanken/Worte austauschen, Konversation machen
vīmaṃsati forschen, prüfen
vīmaṃsā Forschen, Prüfen
vīmaṃsī (Nom. v. *vimaṃsin*) Forscher
vīsati zwanzig
vuṭṭhāti (*vuṭṭhahati*) aufstehen, sich erheben
vuddha (*vuḍḍha*) alt
vuddhi (*vuḍḍhi*) (f.) Zunahme
vusita gelebt, gewohnt, vollbracht
vusitavant richtig gelebt (als Mönch)

vūpakaṭṭha	zurückgezogen
vūpasamo	Beruhigung
vedanā	Gefühl
vedeti, vediyati	empfinden, fühlen
vepullatā	Reichhaltigkeit, Fülle
vemattatā	Unterschiedlichkeit
veyyākaraṇaṃ	Erklärung, Antwort
veraṃ	Hass
veḷu (m.)	Bambus
voloketi	überblicken, betrachten, prüfen
vyañjanaṃ	Buchstabe, sprachlicher Ausdruck
vyatta	klug
vyākaroti	erklären, beantworten
vyādhi (m.)	Krankheit
vyāpajjha	belastend, verletzend, schädigend
vyāpādo (auch: *byāpādo*)	Übelwollen, Böswilligkeit
vyāmo	(Längenmaß:) Klafter
sa-	mit, eigen (s. Lektion 7)
saṃ- (Präfix)	zusammen
saṃyamo	Selbstbeherrschung
saṃyojanaṃ	Fessel, Verstrickung
saṃvaccharaṃ	Jahr
saṃvaṭṭaṃ	Auflösung, Untergang (der Sinnenwelt)
saṃvaṭṭati	zusammenfallen
saṃvattati	führen zu
saṃvaro	Selbstbeherrschung, Zurückhaltung
saṃvuta	beherrscht
saṃsāro	Kreislauf (der Wesen)
saka	eigen
sakid, sakiṃ	einst, einmal
sakkaroti	ehren, bewirten
sakkā	es ist möglich; ist es möglich?
sakkoti	können
sakkhi (m.)	Augenzeuge, Anwesender
saggo	Himmel

saṅkappo	Gesinnung, geistige Einstellung (die Denken, Sprechen und Handeln vorbereitet und trägt)
saṅkhata	zusammengesetzt
saṅkhā (saṅkhyā)	Aufzählung, Bezeichnung
-saṅkhāta	bekannt als, bezeichnet als; sogenannt
saṅkhāro	Gestaltung, Aktivität
saṅkhitta	kurz, zusammengefasst
saṅghāṭi (f.)	Obergewand
saṅgho (saṃgho)	Gruppe, Gemeinschaft, (buddhistischer Orden)
sace	wenn (i.S. v. falls)
sacca	wahr
saccaṃ	1. Wahrheit 2. (Adv.) es ist wahr; ist es wahr? stimmt es?
saccavajjaṃ	wahres Wort, Wahrheit
sacchikaroti	selbst sehen, erfahren
sacchikiriyā	eigene Erfahrung
sajjhāyo	Lernen, Studium
sajjhu (n.)	Silber
sañjānāti	wahrnehmen, erkennen, begreifen
saññā	Wahrnehmung
-saññin	erkennend, begreifend
saṭṭhi	sechzig
saṇṭhapeti	aufmuntern
saṇḍo	Menge; (Baum-) Gruppe, Wald
sata	aufmerksam, achtsam
sataṃ	hundert
sati (f.)	Erinnerung, Achtsamkeit
satta	sieben
sattati	siebzig
sattama	(der/die/das) siebente
sattarasa	siebzehn
sattāhaṃ	eine Woche, „acht Tage" lang
satto	(Lebe-) Wesen
satthaṃ	Schwert

satthā (m.) (Nom. v. *satthar*) Lehrer
sattho Karawane
sadattho wahrer Sinn, wahres Ziel
sadā immer
sadisa von der Art, solch
saddo Laut, Geräusch, Lärm, Gerücht
saddha vertrauensvoll
saddhā Vertrauen
saddhiṃ mit
sant (sat) (PPräs. *v. atthi*) seiend; echt, wahr, gut
santike in Gegenwart von
sandati fließen
sandasseti (be-)lehren
sandiṭṭhika sichtbar, offensichtlich
sandhi (m.) Verbindung, Glied, Teil
sannipatita versammelt
sannipāteti zusammenführen
sannipāto Versammlung
sabba ganz, vollständig
sabbato (Adv.) völlig, gänzlich
sabbadhi (Adv.) überall
sabbaso (Adv.) vollständig
sabbena sabbaṃ (Adv.) vollständig
sabhā Versammlungshalle
sama gleich
samaṃ (Adv.) gleich, gleichermaßen
samacariyā Leben in Frieden
samagga vereint
samaññā Übereinkunft, Bezeichnung
samaṇuddeso Asketenschüler, Novize
samaṇo Asket
samatho (Gemüts-) Ruhe, (Seelen-) Frieden
samayo Zeit
samanupassati sehen, wahrnehmen
samādapeti anregen, Aufmerksamkeit wecken
samāpatti (f.) (Ziel-) Erreichung
samāhita konzentriert, hingegeben

samuttejeti	anspornen, ermutigen, anfeuern
samuddo	Ozean
samuppādo	Entstehung
samo	Ruhe, Frieden
sampajjati	entstehen; gelingen
sampadā	Erfolg
sampanna	ausgestattet mit; erfolgreich
sampasādo	Gelöstheit, Heiterkeit, Seelenfrieden
sampahaṃseti	begeistern, erfreuen
samphaṃ	Geschwätz
sambuddha	vollkommen erwacht
sambodhi (f.), *sambodho*	vollkommenes Erwachen
sambhavo	Entstehung, Geburt, Dasein
samma	mein Lieber! (Anrede unter Freunden)
sammannati	zustimmen
sammā (Adv.)	richtig, recht
sammiñjati	biegen, sich beugen
sammukhā	in Gegenwart von
sammūḷha	verwirrt
sammodati	(Grüße, Worte) austauschen
sammodanīya	angenehm, erfreulich
sayaṃ	(sich) selbst
sarati	erinnern
saraṇaṃ	Schutz, Zuflucht
sarīraṃ	Körper
saro	Laut, Stimme
sallakkheti	beobachten, überlegen
sallāpo	Gerede
saḷāyatanaṃ	Sechs-Sinnen-Bereich
savanaṃ	Hören
sassata	ewig
saha	zusammen, gleichzeitig, mit
sahagata	verbunden mit
sahassaṃ	tausend
sahāyako	Freund
sahāyo	Freund
sā (Pron.)	sie

sādhu (-ka) (Adj.)	gut
sādhukaṃ (Adv.)	gut, wohl
sāpateyyaṃ	Besitz
sāmaṃ	(sich) selbst
sāmaññaṃ	Asketenstand
sāmisa	sinnlich, fleischlich
sāyaṃ (Adv.)	am Abend, abends
sāyaṇho	Abend
sāyamāso	Abendmahl
sārāṇīya	angenehm, freundlich, höflich
sāro	Wert; Kern
sālā	Saal, Haus
sālohito	Blutsverwandter
sāvako	Hörer, Schüler, Anhänger
sāsanaṃ	Belehrung. Lehre
sikkhati	üben, lernen
siñcati	begießen, bespritzen
siro (n. u. m.) (Nom. v. *siras*)	Kopf
sīgha	schnell
sīghaṃ (Adv.)	schnell
sīta	kühl
sīlaṃ	Tugend, Sittlichkeit
sīlavant	tugendhaft
sīsaṃ	Kopf
sīsaṃ	Blei
sīho	Löwe
su- (Präfix)	gut, wohl, sehr
sukara	leicht (zu tun)
suko	Papagei
sukka	hell, weiß
sukkha	trocken
sukha	glücklich
sukhaṃ	Glück
sugati (f.)	gute Laufbahn, gute Zukunft
sugato	„Wohlgegangener", „Willkommener" (Beiname des Buddha)
sucaritaṃ	gute Lebensführung

suñña	leer
suṇāti (suṇoti)	hören
suttaṃ	Faden, Lehrrede, das Sutra (auch: die Sutte)
sudaṃ	da, wohl, eben
suddhi (f.)	Reinheit
subhaṃ	Glanz
suriyo	Sonne
suvaṇṇaṃ	Gold
sussūsā	Wunsch (etw.) zu hören, Gehorsam
seṭṭha	(der/die/das) beste
setu (m.)	Brücke, Damm
senāsanaṃ	Sitzplatz, Aufenthaltsort, Wohnung
seyya	besser
seyyathā	gleich wie (einleitend vor einem Gleichnis)
seyyathīdaṃ	das heißt; nämlich
seyyā	Bett
sevati	etw. betreiben, sich einer Sache widmen
sesa	übrig
so (Pron.)	er
soko	Kummer, Leid
socati	(be-)trauern
sotaṃ	1. Ohr, 2. Strom, Fluss
sotāpanna	in den Strom eingetreten
sodheti	reinigen
sobbhaṃ	Grube, Höhle
somanassaṃ	Freude
soḷasa	sechzehn
svāgataṃ	willkommen!
svātanāya	für morgen
ha (Adv.)	wirklich, in der Tat
hatthī (m.) (Nom. v. *hatthin*)	Elefant
hattho	Hand
hanati	schlagen, verletzen, töten

hantā (m.) (Nom. v. *hantar*) Töter
handa (Adv.) gut, also, nun
harati holen, bringen, wegnehmen
hari grün
havyaṃ Opfergabe
hāyati (Pass. v. *jahati* aufgeben) schwinden, abnehmen
hi denn, weil
hiṃsati schädigen, verletzen
hitaṃ Gutes, Wohl, Vorteil
hiri (f.) Scham
hīna (PP. v. *jahati*) mangelhaft, schlecht
heṭṭhā unten; darunter
heṭheti belästigen, schädigen
hetu (m.) Grund, Ursache
hemantika winterlich
hoti sein, existieren

Eigene Notizen:

Pāli-Wörterbücher im Verlag Beyerlein & Steinschulte:

Buddhistisches Wörterbuch

Kurzgefasstes Handbuch der buddhistischen Lehren und Begriffe in alphabetischer Anordnung.
Von Nyanatiloka.
Vierte Auflage, herausgegeben von Nyanaponika.
280 Seiten. ISBN 978-3-931095-09-3. Paperback. 13,30 Euro

Das vorliegende Werk ist der erstmalige Versuch eines authentischen und umfassenden Wörterbuches buddhistischer Lehrbegriffe. Nach dem deutschen Alphabet geordnet, bringt es die Pali-Ausdrücke und die von Nyanatiloka geschaffenen deutschen Übersetzungen. Die zuverlässigen Angaben beruhen fast durchweg auf Textstellen, so dass subjektive Anschauungen des Verfassers ganz zurücktreten. Das Buch, das der Niederschlag eines vierzigjährigen Studiums ist, bringt dabei nicht etwa nur eine bloße Aufzählung der Pali-Wörter und deren Übersetzung, sondern wichtige, teils umfangreiche Erläuterungen – der Text zu einigen Stichwörtern erstreckt sich über mehrere Seiten –, darunter zu vielen dem westlichen Leser bis jetzt noch verschlossen gebliebenen Begriffen.

Kleines Lesewörterbuch der Palisprache

von Hellmuth Hecker

90 Seiten. ISBN 978-3-931095-43-7
Paperback. 10 Euro

Ein Pali-deutsches Wörterbuch zu den wichtigsten Begriffen der buddhistischen Lehrreden, die zum Verständnis der Existenz – nach den Lehrreden des Buddha – erforderlich sind. Ein Wörterbuch der Extraklasse für alle, die an den tiefen und umfassenden Bedeutungen der zentralen Lehrbegriffe interessiert sind, um so für ihr Verständnis der Lehre des Buddha möglichst viel Gewinn zu schöpfen.